Star motif Cloth/p.68

Counted Stitch

布目を数えながら刺すカウントステッチ。
織り模様のようなパターンやモチーフを作ることができます。
星のモチーフは北欧のホワイトワークでよく使われる
伝統柄で、他の図柄を組み合わせたり、
クロスの縁を縁とるなど、多様にデザインされてきました。

Edgings

エジングはハンカチやクロスなど布の縁を飾るステッチ。
布端を三つ折りにして仕立てるもの、
縁に細かいステッチを施すもの、端をフリンジにするものなど、
いろいろな仕上げ方があります。

Fringe Cloth, Coaster/p.71

9

Pulled Thread work

布から織り糸を抜かずに、糸を引きながらステッチをすることで、
レースのように繊細な風合いになります。
このプルスレッドワークは「アジュール刺繍」
(フランス語で『透し彫り』の意味)とも呼ばれています。

Key motifs/p.73

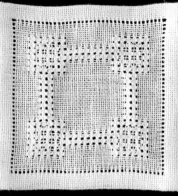

Drawn Thread work/Basic

ドロンワークは布の織り糸を抜いて、かがり模様を作り出す技法で、
さまざまなホワイトワークに使われています。
これは最も基本的なテクニックで、よこ糸のみを抜き、
たて糸に針をくぐらせながら連続模様を作っています。

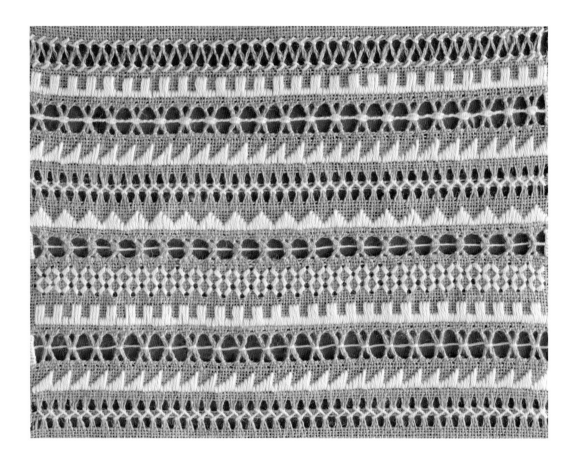

Striped pattern/p.77

Drawn Thread work/Basic

15

Cross motif Cloth/p.80

Drawn Thread work/Schwälmer

ドイツのホワイトワーク・シュヴァルムは、
コーラル・ステッチとチェーン・ステッチで輪郭を刺したあと、
中にドロンワークでかがり模様を入れます。
曲線のある自由な形のモチーフが作れ、
のびやかなデザインが魅力です。

Drawn Thread work/Schwälmer

Shell motif/^{p.81}

Flower motif Needle book/p.82

Bird and Flower motif/p.83

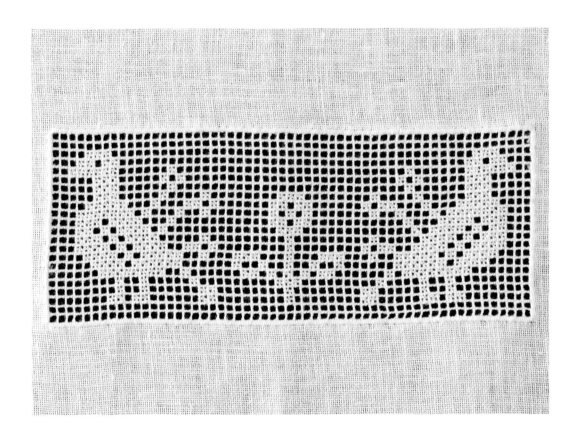

Drawn Thread work/Hedebo

デンマークのホワイトワーク・ヘデボで使われるドロンワーク(ドラエヴェグ)。
たて糸とよこ糸を抜いて作った格子を七宝かがりで埋めて、図柄を表現します。
花や動物、幾何学模様etc、透し模様のように
モチーフが浮かび上がる美しい刺繍です。

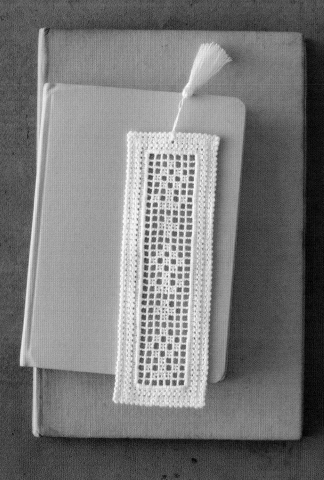

Flower and Cross motif Book mark/p.86

Flower motif Small bag/p.83

22

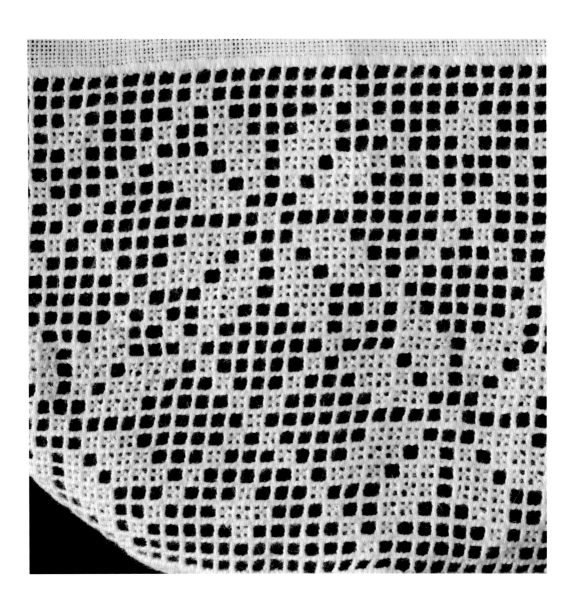

Drawn Thread work/Hedebo

23

Cut work & Edging/Hedebo

デンマークのホワイトワーク・ヘデボで使われる
カットワーク（ウズクリプスヘデボ）は布を円形やしずく形に切り取り、
中はボタンホール・ステッチでアーチや三角形を組み合わせた
幾何学的な文様を入れます。同様のステッチで縁飾りも。
かわいらしさの中に、独特のデザイン性がある刺繍です。

Tulip motif Doily/p.88

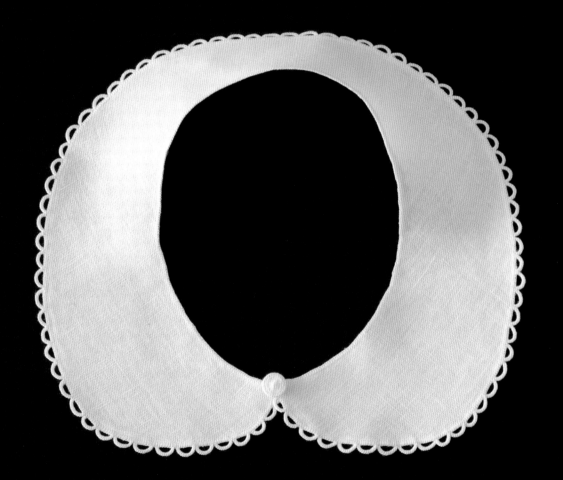

Edging work Collar/p.87

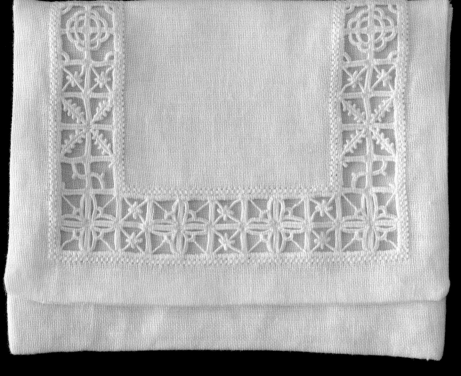

Drawn Thread work/Reticello

イタリアのホワイトワーク・レティチェロはドロンワークが基本。
布からたて糸とよこ糸を抜いて格子を作り、
その中にボタンホール・ステッチやピコットで
教会のステンドグラスを思わせるクラシックなモチーフを刺しています。

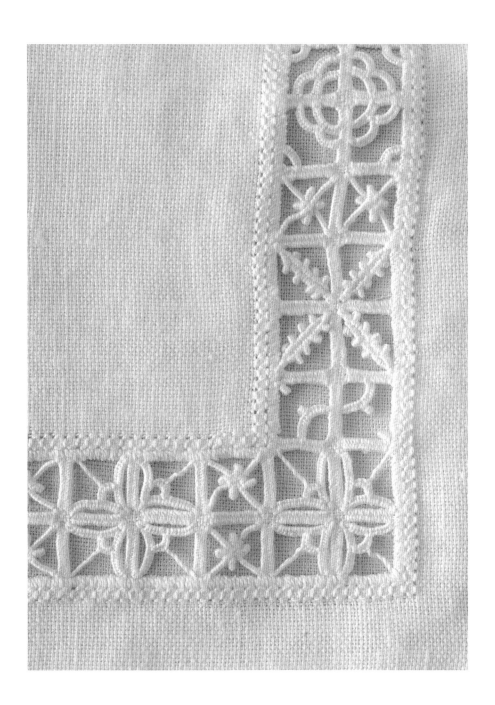

Frame motif Small bag/p.93

HOW to MAKE

布
────

　ホワイトワークに使うリネンは技法によって、カウントリネンと目の詰まったリネンを使い分けます。

　カウントリネンは1インチ四方に一定の数のたて糸とよこ糸が均等に織られた平織りのリネンで、布の織り糸を数えながら刺すカウントステッチやプルスレッドワーク、織り糸を抜いてステッチを刺すドロンワークなどに使います。カウントは1インチの中に入っている織り糸の数によって決まり、例えば25カウント（25ct）は1インチの中に25本、32カウント（32ct）は1インチの中に32本の糸が入っており、カウント数が多いほど目の細かい布になります。

　目の詰まったリネンはカウント表示はなく、カットワークなど、布の織り糸を数えないステッチに使います。この本ではアイリッシュリネンを使用していますが、刺しやすさや風合いなど気に入ったものを選びましょう。

　リネンの白はメーカーでは純白に近い白、アイボリーに近い白の2種類あるところが多いので、好みで選びましょう。その場合、布に合った色の糸を選ぶようにします。そのほか、ナチュラルなベージュのリネンもあり、白糸で刺すとステッチが際立ち、効果的です。

● カウントリネン

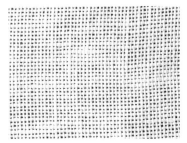 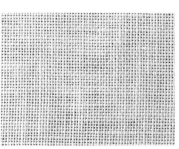 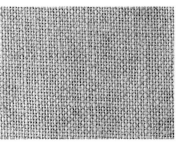

25カウント　ツバイガルト（ドイツ）
10本／cm　25本／インチ　　白
プルスレッドワークの作品に使用。

32カウント　ツバイガルト（ドイツ）
12～13本／cm　32本／インチ　　白、ナチュラル
カウントステッチ、エジング、ドロンワーク（ベーシック、シュバルム、ヘデボ）の作品に使用

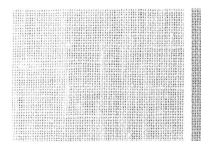 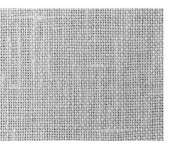

● 目の詰まったリネン

38カウント　ソテマ（イタリア）
15本／cm　38本／インチ　　白、エクリュ
エジング、ドロンワーク（レティチェロ）の作品に使用。

カットワークの作品に使用（写真はアイリッシュリネン）。

※この他にベーシックステッチ（p.4、5）や縁飾りのバリエーション（p.8）では40カウントのリネンを使用していますが、縁かがりの入らないモチーフでは目の詰まったリネンを使用してもかまいません。

刺繍糸

コットンの刺繍糸を使用します。番手（#）が大きいほど細くなります。

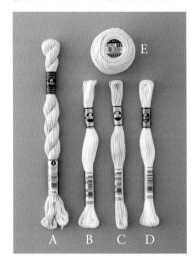

A　B　C　D　E

・DMC アブローダー（B、C）

アブローダーは4本の糸が1本によられた甘よりの糸で、25番刺繍糸（D）より柔らかくつやがあるのが特徴。この本ではほとんどこの糸を使っています。4種類の太さ（#16、20、25、30）があり、色番はB5200、Blanc、ECRUを使用。

・DMC コットンパール（A、E）

パールのようなつやのある糸。この本では＃8をp.30のドロンワーク（レティチェロ）の作品に、＃5をp.22のバッグのひもに使っています。

・DMC 25番刺繍糸（D）

通常の刺繍糸で、6本の糸が1本によられています。ホワイトワークではメインで使うことは少なく、この本の作品では、カットワークの下地を刺すときなど見えない部分や、縁かがりに1本どりで使用しています。

刺繍枠

直径10～12cmの枠が使いやすいサイズです。刺繍するときは基本的には刺繍枠をはめますが、ヘデボのボタンホール・ステッチなど枠を外して刺す場合（p.51～56参照）もあります。枠をはめるときは最初にねじをゆるめ、布のたて糸、よこ糸が垂直、水平になるように整えてから、しっかり締めます。布がゆがんだ状態で刺すと、ステッチもゆがんでしまうので注意しましょう。

定規、円定規

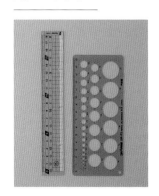

定規はサイズを確認するため、円定規はヘデボの図案を布に写すときに使用すると便利です。

図案を写す道具

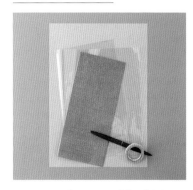

トレーシングペーパー、手芸用複写紙、セロファン、トレーサー（鉛筆やインクのなくなったボールペンなど）、マスキングテープ。手芸用複写紙は「スーパーチャコペーパー」（水で消えるタイプ）、色はグレーがおすすめです。

図案の写し方はp.34参照

しつけ用のポリエステル糸

布の回り用、しつけ用に使います。あとで抜きやすいようにポリエステルの糸がおすすめ。しつけ用には目立つように色糸を使います。

針

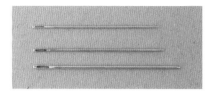

番手が大きいほうが細く、糸の太さに合わせて使い分けます。写真はクロバー製。p.96参照

・フランス刺繍針　7号（写真上）

ベーシックステッチやカットワーク（ヘデボ）、ドロンワーク（レティチェロ）の枠を刺すときに使用。

・クロスステッチ針

26番（写真中）24番（写真下）

先の丸い針。ホワイトワークのほとんど（上記のフランス刺繍針で刺す箇所以外）で使用。

はさみ

糸を切るほか、カットワークで布を切るときにも使用するので、刃先がとがって、よく切れる手芸用はさみを使います。

目打ち

アイレット・ステッチの穴をあけるときに使います。写真はクロバー製。p.96参照

布用のペン

布に写した図案が見えにくい場合に描き足したり、かがり模様のガイドラインを引くときにも使用。水で消えるタイプの「チャコパー アーティスト」がおすすめ。初めて使うときは布の端に描いてみてしっかり消えるか確認すると安心です。

刺繍を始める前に

● 刺繍糸の扱い方

※ステッチで主に使用するアブローダーは束から糸端を引き出し、50㎝に切って使います。

25番刺繍糸の扱い方。束から糸端を引き出し（50～70㎝）、カットする。25番糸は6本の細い糸がゆるくよられた状態なので、端から1本ずつ引き出して使用する。

1

コットンパール（#5）糸の扱い方。束からラベルを外す。輪（かせ）の状態にのばす。

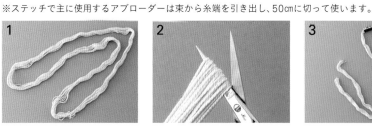

2 輪の片側を切る。

3 外したラベルを中央まで通す（色番や番手が分かるようにしておく）。二つ折りにする。

4 3等分に糸を分け、三つ編みにする。

5 二つ折り部分から糸を引き出して使用する。こうしておくと糸がからまず1本ずつ引き出せる。

● 布目を整え、回りをかがる

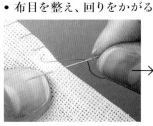

布地はアイロンをかけ、布目のゆがみを整えておく。回りをミシン糸でかがっておく（布地のほつれを防ぐため）。

● 図案の写し方

1

図案の上にトレーシングペーパーをのせ、マスキングテープでとめる。鉛筆かシャープペンで図案を写す。

2

布地の上に手芸用複写紙の複写面を下にしてのせる。

3

2の上に図案を写したトレーシングペーパーをのせ、その上にセロファンを重ね、マスキングテープでとめる。トレーサーで図案をなぞって写す。

4

布地に図案が写せた。

● 布地の織り糸を抜く

1

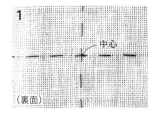

（裏面）

布地の裏面を上にし、中心を決めミシン糸か色糸で十字にしつけを入れる。回り（出来上りより少し小さく）に布用のペンで印をつける。

2

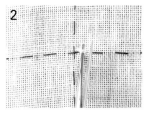

中心から横の織り糸にはさみを入れて切る（写真は2本。本数などは作品によって異なる）

3

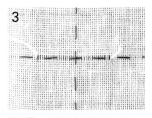

針を使って織り糸を左右に抜く。

4

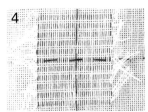

同様に横の織り糸を切り、左右に抜く（写真は2本おきに2本ずつ抜いている。本数などは作品によって異なる）。

5

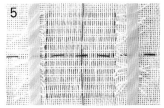

左右に抜いた糸をマスキングテープでとめる。縦の織り糸も2～5と同様に抜く。しつけを外す（枠の外にステッチがある場合は枠の部分のみ）。

6

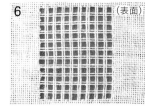

（表面）

織り糸が抜けた。抜く本数が足りない場合は、上下左右の織り糸を追加して糸を抜く。

● 糸始末の方法

1

（裏面）

裏面の刺繍部分に針を通し、糸を引く。

2

刺繍部分を少し戻るように針を通し、糸を引く。糸端を切る。

ステッチの刺し方

Counted Stitch　カウントステッチ
【 カウントステッチ　Star motif Cloth ／p.6／作り方p.68 】

リバースファゴット・ステッチ　サテン・ステッチ

リバースファゴット・ステッチ

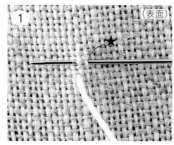

(表面)

糸を表に出し、横の織り糸2本上、縦の織り糸2本右から針を入れ、縦の織り糸を2本すくい、横に針を出す。

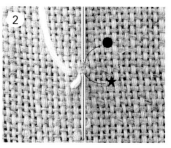

縦の織り糸2本右、横の織り糸2本上に針を入れ、横の織り糸を2本すくい、1の★と同じところに針を出す。

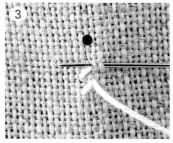

横の織り糸2本上、縦の織り糸2本右から針を入れ、縦の織り糸を2本すくい、2の●と同じところに針を出す。

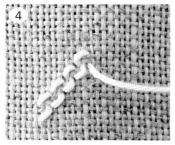

2、3を繰り返す。

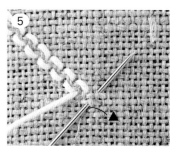

布の向きを90度変えて角を刺す。横の織り糸2本下、縦の織り糸2本右から針を入れ、右斜め上（縦2本、横2本）に針を出す。

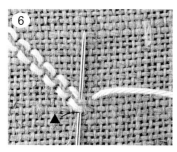

5の▲と同じところに針を入れ、横の織り糸2本上に針を出す。

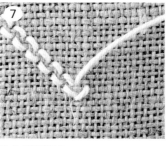

2、3を繰り返す。

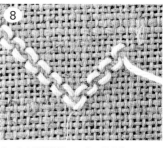

2〜7を繰り返し、四角の枠を作る。

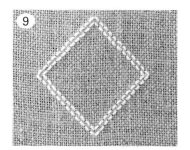

四角の枠が刺せた。

サテン・ステッチ

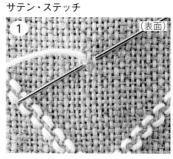

(表面)

モチーフをサテン・ステッチで織り糸をすくいながら刺し埋めていく。

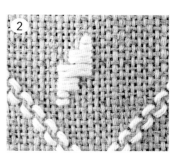

一模様刺せた。

35

Edgings 縁かがり

【 片ヘムかがり　Edging work variations A／p.8／作り方 p.70 】

※p.8の写真の右手前より順にA～Dとする。

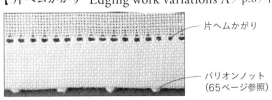

- 片ヘムかがり
- バリオンノット（65ページ参照）

片ヘムかがり

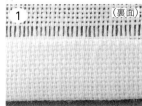

1 （裏面）

横の織り糸を1本抜いたあと、布端を三つ折りにし、裏面を見て刺し進める。

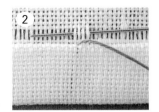

2

刺し始めは糸端を玉結びし、三つ折りの折り目の際から針を出し、結び目を隠す。出した糸から右の縦の織り糸を4本すくう。

【 片ヘムかがり2重巻き　Edging work variations D／p.8／作り方 p.70 】

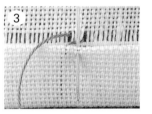

3

すくった織り糸の右下の折り目に針を入れる。

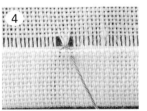

4

糸を引くと織り糸が束ねられ、1針刺せた。

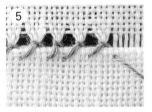

5

2～4を繰り返す。刺す方向は左から右へと進む。

片ヘムかがり2重巻き

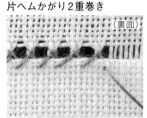

（裏面）

片ヘムかがりの2の工程で織り糸を2回すくうと、束ねられた部分に糸が2重になる。

【 巻きかがり＋ハーフフォーサイド・ステッチ　Edging work variations C／p.8／作り方 p.70 】

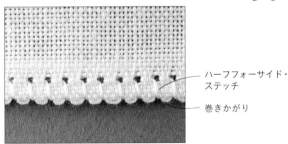

- ハーフフォーサイド・ステッチ
- 巻きかがり

巻きかがり

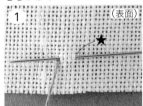

1 （表面）　★

糸を表に出し、右の縦の織り糸を4本すくい、同じところに針を出す。

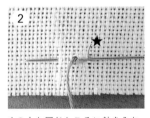

2　★

1の★と同じところに針を入れ、左の縦の織り糸4本先に針を出す。

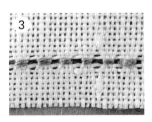

3

1、2を繰り返す。糸は切らずに続けて刺す。

ハーフフォーサイド・ステッチ

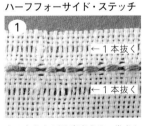

1　←1本抜く　←1本抜く

布の向きを180度変える。巻きかがりをした上下の横の織り糸4本を残し、5本めの横の織り糸を抜く。

2 （表面）

巻きかがり部分で布を外表に折る。織り糸を抜いた部分から糸を出しておく。縦の織り糸4本左に向う側から針を入れる。

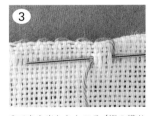

3

2で糸を出したところ（縦の織り糸4本右）に針を入れ、縦の織り糸を4本すくう。

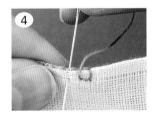

4

縦の織り糸4本左に向う側から針を入れる。

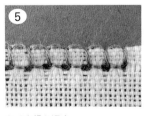

5

3、4を繰り返す。

【 ピーホール・ステッチの縁　Edging work variations B／p.8／作り方 p.70 】

上下はフォーサイド・ステッチ（65ページ）を刺し、「枠の作り方（42ページ）」1〜5を参照し、枠を作る。

ピーホール・ステッチ

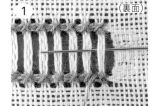

（裏面）

裏面を見て刺し進める。1つめの糸の束の左下の枠から糸を出しておく。糸の束をすくう。

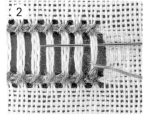

もう一度1つめの糸の束をすくう。

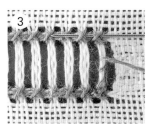

1つめの糸の束に2回糸が巻かれた。続けて上の枠のステッチに針を入れ、2つめの糸の束の左上まで移動する。

2つめの糸の束をすくう。

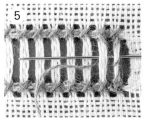

1つめ、2つめの糸の束に針を入れる。この時、針が糸の上になる位置に針を出す。

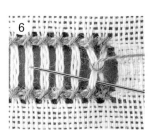

2つの束が中央に寄るように糸を引く。1つめ、2つめの糸の束の下側の間に針を入れ、束をすくう。

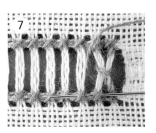

下の枠のステッチに針を入れ、次の糸の束の左下まで移動する。

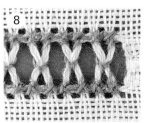

1〜7を繰り返す。

布を折る

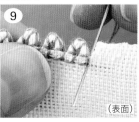

（表面）

ピーホール・ステッチの中央で布を外表に折る。枠のフォーサイド・ステッチの右下に向う側から針を入れる。

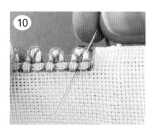

次のステッチの位置にも同様に向う側から針を入れる。

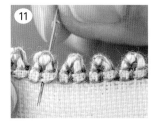

1針ずつ針を入れる。縦に糸が渡り、縁がとまる。

【 フリンジ　Fringe Cloth, Coaster／p.9／作り方 p.71 】

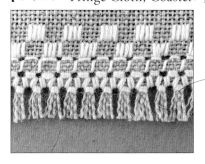

フリンジ

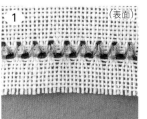

（表面）

指定の位置にスリーサイド・ステッチ（65ページ）を2重巻きする。

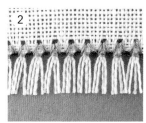

布端の横の織り糸を抜く。

Pulled Thread work プルスレッドワーク

【 パレストリーナ・ステッチ＋ウェーブ・ステッチ 織り糸を抜かない方法
Star & Fleur de lis motif Needle cushions／p.10／作り方 p.72 】

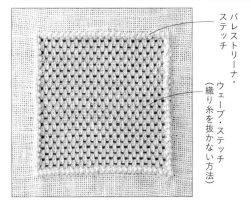

パレストリーナ・
ステッチ

ウェーブ・
ステッチ
（織り糸を
抜かない
方法）

パレストリーナ・ステッチ

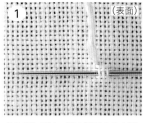

1 （表面）

糸を表に出し、横の織り糸2本下、縦の織り糸3本右に針を入れ、縦の織り糸を3本すくい、針を出す。

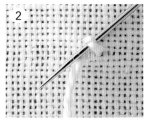

2

糸を引き、斜めに渡った糸に針を入れる。

3

糸を引き、糸に上から下へ針を入れる。

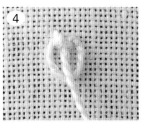

4

下に輪ができる。

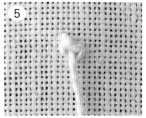

5

糸を引き締める。

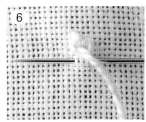

6

続けてステッチの下で縦の織り糸を3本すくう。

ウェーブ・ステッチ（織り糸を抜かない方法）

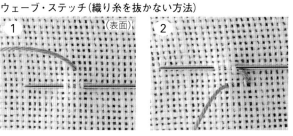

7

2〜6を繰り返す。

1 （表面）

糸を表に出し、横の織り糸3本下、縦の織り糸2本右に針を入れ、縦の織り糸を4本すくい、針を出す。

2

上側の縦の織り糸を4本すくう。

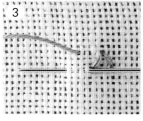

3

下側の縦の織り糸を4本すくう。

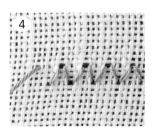

4

2〜3を繰り返す。

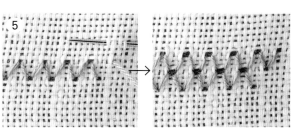

5

2列めは布の向きを180度変え、上側に針を入れて刺していく。

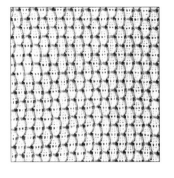

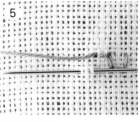

糸を表に出し、横の織り糸3本下に針を入れ、縦の織り糸を3本すくい、針を出す。

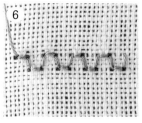

1と同じところをすくう。

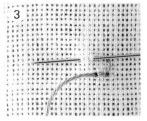

横の織り糸3本上に針を入れ、縦の織り糸を3本すくい、針を出す。

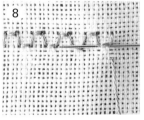

3と同じところをすくう。

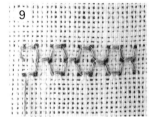

上下に刺せた。

1～4を繰り返す。

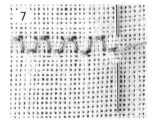

2列めは布の向きを180度変え、下側に針を入れて刺していく。

2列め以降は上側の横の刺し目は同じところに針を2回入れない（重ねて刺さない）。

2列刺せた。

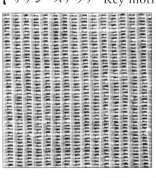

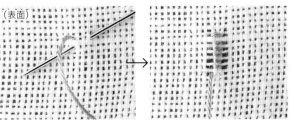

【 サテン・ステッチ Key motifs ／ p.11 ／作り方 p.73 】

サテン・ステッチ＋フォーサイド・ステッチ

フォーサイド・ステッチ（65ページ）をプラスすると柄が複雑になる。

（表面）

縦の織り糸を3本すくい、横の織り糸のすきまに1目ずつサテン・ステッチをする。糸はしっかり引きながら刺す。

【 1本飛ばしのフォーサイド・ステッチ　Pulled Thread pattern Coasters／p.13（左上）／作り方 p.74 】

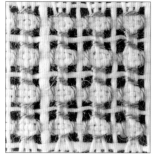

刺し方はフォーサイド・ステッチ（65
ページ）と同様。織り目を上下左右
1本ずつ飛ばしながら刺している。

【 リンジドバック・ステッチ　Pulled Thread pattern Coasters／p.13（右上）／作り方 p.74 】

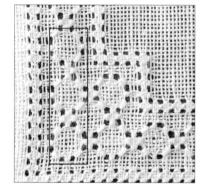

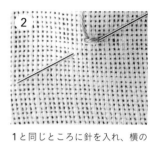

| 1 | （表面） | 2 |

糸を表に出し、縦の織り糸を3本
すくい、同じところに針を出す。

1と同じところに針を入れ、横の
織り糸3本下、縦の織り糸6本左
に針を出す。

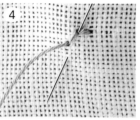 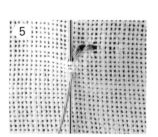 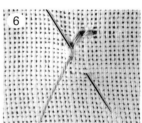

3
刺し始めに針を入れ、2で針を出
した位置に針を出す。

4
刺し始めに針を入れ、3で針を出
した位置から横の織り糸3本下に
針を出す。

5
3で針を出した位置から針を入
れ、4と同じ位置に針を出す。

6
5と同じところに針を入れ、横の
織り糸3本下、縦の織り糸3本右
に針を出す。

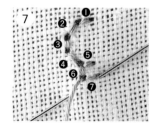 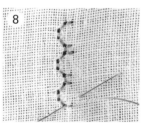 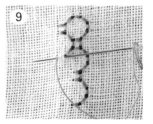 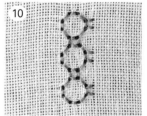

7
❶～❼の順に縦、横、斜めに同じ
部分を2回重ねて刺していく。

8
模様半分を繰り返し刺す。

9
残りの模様半分は布の向きを180
度変え、同様に刺す。

10
模様が刺せた。

【 サテン・ステッチ（角の刺し方）Pulled Thread pattern Coasters／p.13（左下）／作り方 p.74 】

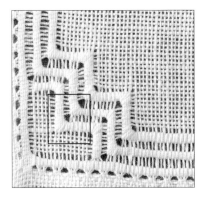

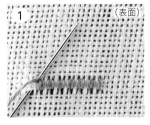

1　（表面）

39ページを参照し、横方向にサテン・ステッチをする。角の部分は外回りは斜めに針を入れ、内回りは同じ位置に針を入れる。

2

内回りは同じ位置に針を入れ、斜めに3目刺す。

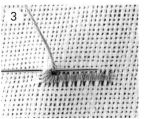

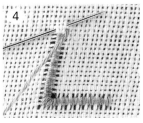

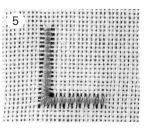

3

残りも内回りは同じ位置に針を入れ、斜めに3目刺す。

4

続けて縦方向にサテン・ステッチをする。

5

角がきれいに刺せた。

【 ハニカム・ステッチ変形 Pulled Thread pattern Coasters／p.13（右下）／作り方 p.74 】

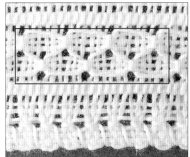

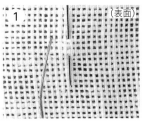

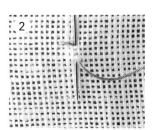

1　（表面）

糸を表に出し、縦の織り糸3本右に針を入れ、横の織り糸3本下をすくい、針を出す。

2

1と同じところをすくう。

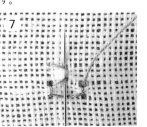

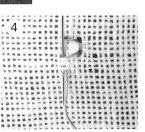

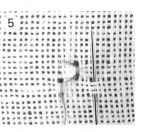

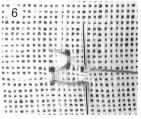

3

縦の織り糸3本左に針を入れ、横の織り糸3本下をすくい、針を出す。

4

3と同じところをすくう。

5

4の刺し目から右に移動する。縦の織り糸6本右に針を入れ、横の織り糸3本上をすくい、針を出す。

6

5と同じところをすくう。

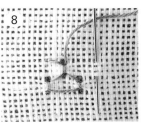

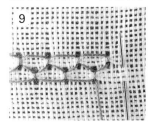

7

1、2と同じところに針を下から上にすくう。

8

縦の織り糸6本右に針を入れ、横の織り糸3本下をすくい、針を出す。2〜8を繰り返す。

9

模様が繰り返し刺せた。

Drawn Thread work/Basic ドロンワーク／ベーシック

【 枠の作り方 Striped pattern／p.15／作り方 p.77、Striped pattern Small bag／p.14／作り方 p.78 】

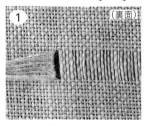
① （裏面）
34ページ「布地の織り糸を抜く」を参照し、横の織り糸を抜き、織り糸を裏面に出す。

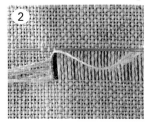
②
織り糸を針に通し、布地（縦の織り糸3本程度）に通す。

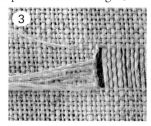
③
布地に切った織り糸が通せた。

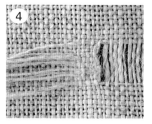
④
残りの織り糸も同様に布地に通す。

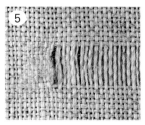
⑤
織り糸の端を切る。

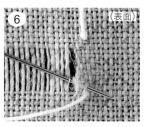
⑥ （表面）
表面に戻し、糸端に玉結びをし、外側から針を入れ、織り糸を始末したところから糸を表に出す。写真のように針を入れる。

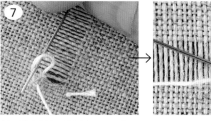
⑦
輪に針を通し、引き締める。ボタンホール・ステッチ（64ページ）ができた。

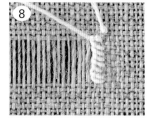
⑧
繰り返し、端にボタンホール・ステッチを刺して枠を作る。最後に⑥の玉結びを切る。

【 結びかがり Striped pattern／p.15／作り方 p.77 】

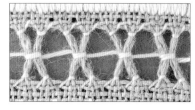
上記「枠の作り方」を参照して枠を作り、上下は縦の織り糸を4本ずつ束ねて片ヘムかがり（36ページ）をする。ただし、P.36③の折り目ではなく、織り糸2本をすくう。

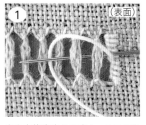
① （表面）
糸を右枠中央から出し、2つの糸の束をすくい、糸を針の下に置く。

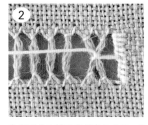
②
糸を引くと織り糸が束ねられ、1針刺せた。

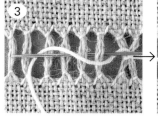
③
1、2を繰り返す。

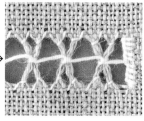

【 ジグザグヘムかがり　Striped pattern ／p.15／作り方 p.77、Striped pattern Small bag ／p.14／作り方 p.78 】

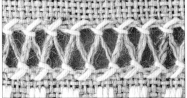

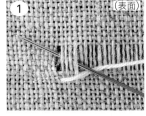

①（表面）

42ページ「枠の作り方」5の工程まで作る。左下から糸を表に出し、縦の織り糸を4本すくう。

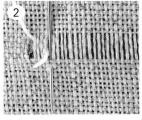

②

すくった織り糸のすきまから右下に針を上から横の織り糸2本すくって垂直に入れる。

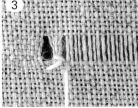

③

糸を引く。

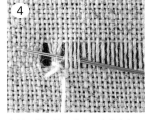

④

右側の縦の織り糸を4本すくう。

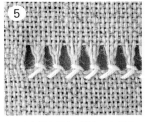

⑤

2〜4を繰り返し、端までかがる。

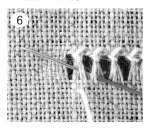

⑥

天地の向きを変え、もう一方を刺す。糸の束の左右2本ずつを写真のようにすくう。

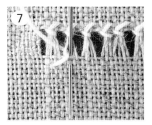

⑦

すくった織り糸のすきまから右下に針を上から垂直に入れる。

⑧

糸を引く。糸の束の左右2本ずつを写真のようにすくう。

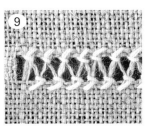

⑨

7、8を繰り返し、端までかがる。上下に刺せた。

【 ループノットかがり　Striped pattern ／p.15／作り方 p.77 】

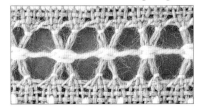

42ページ「枠の作り方」を参照して枠を作り、上下は縦の織り糸を4本ずつ束ねて片ヘムかがり（36ページ）。ただし、P.36③の折り目ではなく、織り糸2本をすくう。中央は結びかがり（42ページ）をする。

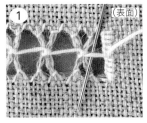

①（表面）

糸を右枠中央から出し、渡っている糸を写真のようにすくう。

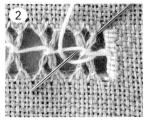

②

糸の束と渡っている糸を写真のようにすくう。糸を針の下に置く。

③

糸を引くと結びかがりの上にループができる。1、2を繰り返す。

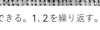

43

【 ヘクセン・ステッチ Striped pattern／p.15／作り方 p.77 】

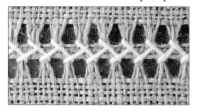

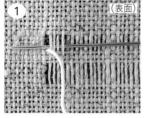

糸を引く。続けて1の斜め右下の
下側の縦の織り糸を4本すくう。

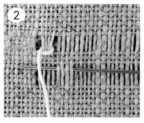

糸を引く。2の真上の上側の縦の
織り糸を4本すくう。

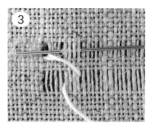

42ページ「枠の作り方」5の工程
まで作る。中央は横の織り糸3本
残し、枠を作る。左上側の枠の下
から糸を表に出し、上側の枠の縦
の織り糸を4本すくう。

糸を引く。2、3を繰り返す。

【 パレストリーナ・ステッチ Striped pattern Small bag／p.14／作り方 p.78 】

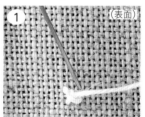

38ページの「パレストリーナ・ス
テッチ」を5の工程まで刺す。続
けて右上に針を入れる。ステッチ
が1つ完成する。

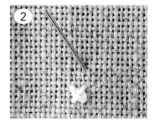

ステッチを続けて1つずつ刺す場
合は指定の位置（写真は横の織り
糸3本上）に針を出し、刺してい
く。

【 すくいかがり　Striped pattern／p.15／作り方 p.77 、Striped pattern Small bag／p.14／作り方 p.78 】

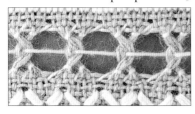

42ページ「枠の作り方」を参照して枠を作り、上下は縦の織り糸を4本ずつ束ねて片ヘムかがり（36ページ）をする。ただし、P36③の折り目ではなく、織り糸2本をすくう。

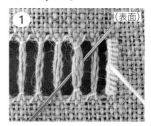

糸を右枠中央から出し、右から2つめの糸の束をすくう。

1つめの糸の束を針先の下になるように置き（写真左）、針先を下に向かってぐるりと180度向きを変える（写真右）。織り糸が交差した。

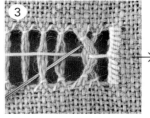 

糸を引く。1、2を繰り返す。

【 フォーサイド・ステッチ　織り糸を抜く方法　Striped pattern Small bag／p.14／作り方 p.78 】

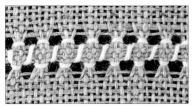

1本抜く→

1本抜く→

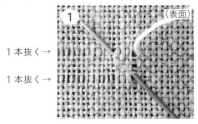

上下の横の織り糸を1本抜く。中央は横の織り糸4本を残す。糸を右上の表に出す。右下から針を入れ、4本左斜め上に針を出す。

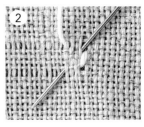

右上に針を入れ、左下に針を出す。

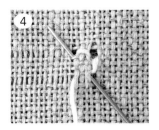

右下に針を入れ、左上に針を出す。

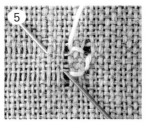

左下に針を入れ、次の4本左斜め上に針を出す。

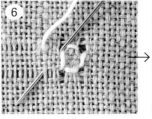 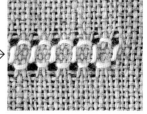

一模様刺せた。2～4を繰り返す。

Drawn Thread work/Schwälmer ドロンワーク／シュヴァルム

【 枠の作り方 Cross motif Cloth ／p.16／作り方 p.80、Shell motif ／p.18／作り方 p.81、
Flower motif Needle book ／p.19／作り方 p.82 】

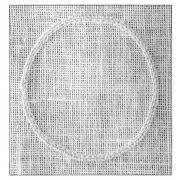

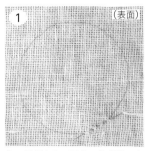

1

（表面）

枠の輪郭を布に写す。輪郭線の上にランニング・ステッチを3目ほど刺す（糸端は玉結びをしない）。

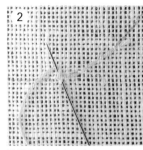

2

輪郭線上に直角にすくい、糸をかける。

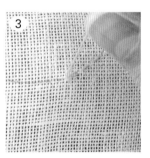

3

糸を真上に引く。コーラル・ステッチ（64ページ）が1目刺せた。

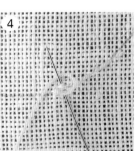

4

輪郭線上にコーラル・ステッチを刺す。

5

右に向かって刺し進み、1周刺す。

6

チェーン・ステッチ

コーラル・ステッチの内側にチェーン・ステッチ（64ページ）を刺す。

【 ボタンホール・ステッチ、ハニカム・ステッチ　織り糸を抜く方法
　　Cross motif Cloth ／p.16／作り方 p.80、Shell motif ／p.18／作り方 p.81 】

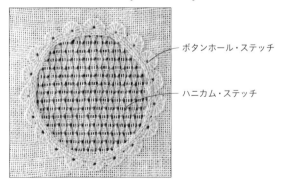

ボタンホール・ステッチ

ハニカム・ステッチ

ボタンホール・ステッチ

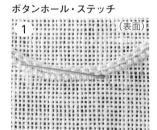

1

（表面）

ボタンホールの輪郭を布に写す（写真では分かりやすく刺す場所のみ写している）。針を輪郭の端に出す。

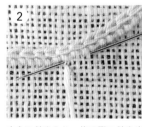

2

中心に針を入れ、枠の際に針を出し、糸を引く。

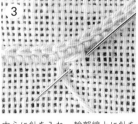

3

中心に針を入れ、輪郭線上に針を出し、糸は針の下に置く。糸を引く。

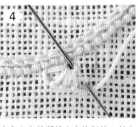

4

中心から輪郭線上に放射状に針を出し、ボタンホール・ステッチを刺す。

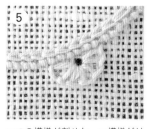

5

一つの模様が刺せた。一模様だけ刺す場合は針を裏に出し、始末する。

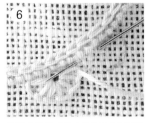

6

模様を続けて刺す場合は2と同様に刺し始め、次の模様を刺す。

ハニカム・ステッチ

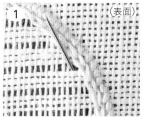
1 （表面）

横の織り糸を3本ごとに1本抜く（34ページ「布地の織り糸を抜く」2〜4参照。抜いた糸は枠の際で切る）。糸を抜いた右上に針を出す。

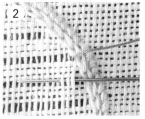
2

下側の織り糸を抜いた位置に針を入れ、縦の織り糸を3本すくう。

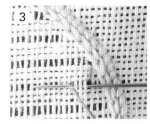
3

2と同じところをすくう。

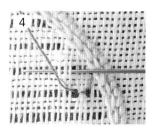
4

上側の織り糸を抜いた位置に針を入れ、縦の織り糸を3本すくう。

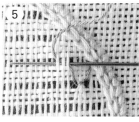
5

4と同じところをすくう。

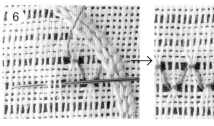
6

下側に針を入れ、縦の織り糸を3本すくう。2〜5を繰り返す。

【 フォーサイド・ステッチ　織り糸を抜く方法
Shell motif ／p.18／作り方 p.81、Flower motif Needle book ／p.19／作り方 p.82 】

枠を作り（46ページ「枠の作り方」参照）、縦横の織り糸を3本ごとに1本抜く（34ページ「布地の織り糸を抜く」2〜4参照。抜いた糸は枠の際で切る）。

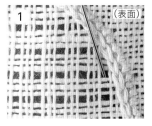
1 （表面）

織り糸を抜いた右上に針を出す。

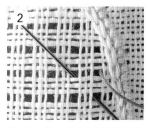
2

織り糸を抜いた右下に針を入れ、左上に針を出す。

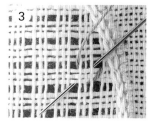
3

1と同じところに針を入れ、左下に針を出す。

4

2と同じところに針を入れ、左上に針を出す。

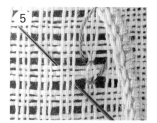
5

3と同じところに針を入れ、次の左上に針を出す。

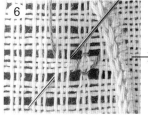
6

一模様刺せた。3〜5を繰り返す。

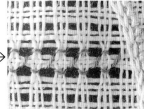

【 ダイアゴナル・ステッチ 織り糸を抜く方法 Shell motif／p.18／作り方 p.81 】

枠を作り（46ページ「枠の作り方」参照）、縦横の織り糸を3本ごとに1本抜く（34ページ「布地の織り糸を抜く」2〜4参照。抜いた糸は枠の際で切る）。

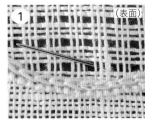

（表面）

織り糸を抜いた下側に針を出す。

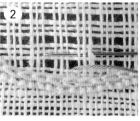

斜め右上の横の織り糸下1本めと2本めの間に針を水平に入れ、縦の織り糸をすくう。

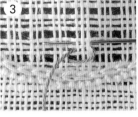

横の織り糸の下2本めと3本めの間に針を水平に入れ、縦の織り糸をすくう。

斜め右上の横の織り糸を3本すくう。

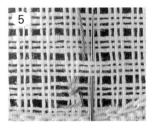

右の縦の織り糸の左から1本めと2本めの間に針を垂直に入れ、横の織り糸をすくう。

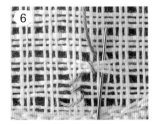

右の縦の織り糸の左から2本めと3本めの間に針を垂直に入れ、横の織り糸をすくう。

右隣の横の織り糸を3本すくう。

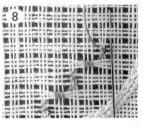

2〜7を繰り返す。右上のジグザグに刺し進む。

【 ウェーブ・ステッチ 織り糸を抜く方法 Shell motif／p.18／作り方 p.81 】

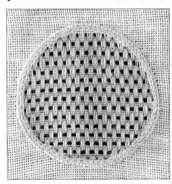

枠を作り（46ページ「枠の作り方」参照）、縦横の織り糸を3本ごとに1本抜く（34ページ「布地の織り糸を抜く」2〜4参照。抜いた糸は枠の際で切る）。

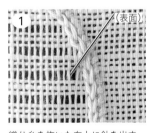

（表面）

織り糸を抜いた右上に針を出す。

右に2本ずらし下側の縦の織り糸を4本すくう。

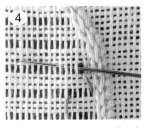

上側の1と同じところから針を出し、縦の織り糸を4本すくう。

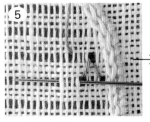

2、3を繰り返す。

Drawn Thread work/Hedebo ドロンワーク／ヘデボ

【 枠の作り方、七宝かがり　Bird and Flower motif ／p.20／作り方 p.83、
　Flower and Cross motif Book mark ／p.21／作り方 p.86、Flower motif Small bag ／p.22／作り方 p.83 】

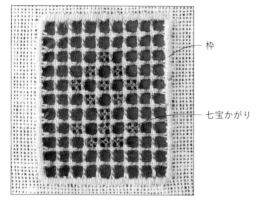

枠

七宝かがり

枠の作り方

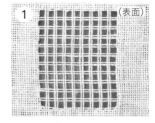

1　（表面）

34ページ「布地の織り糸を抜く」を参照し、縦、横の織り糸を抜く。

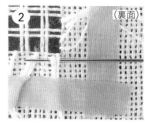

2　（裏面）

写真のように裏面から針を枠の際に入れる。

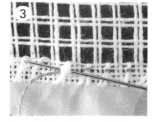

3

抜いた織り糸をとめながら回りにバック・ステッチ（64ページ）を刺す。

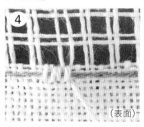

4

表面に戻し、織り糸を3本すくいながらサテン・ステッチで刺す。

（表面）

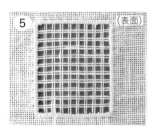

5　（表面）

回りが刺せ、枠ができた。

七宝かがり

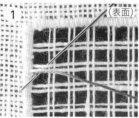

1　（表面）

糸を左枠から出す。横の織り糸をすくう。

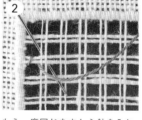

2

もう一度同じますから針を入れ、次のますに針を出す。1、2を繰り返し、横の織り糸に巻きかがりを2回ずつ刺し、七宝かがりを刺すますの位置まで移動する。

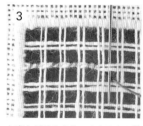

3

七宝かがりをする。ますの上の横の織り糸をすくう。この時糸は針の下に置く。

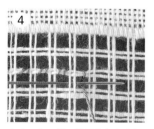

4

ますの左の縦の織り糸をすくう。この時糸は針の下に置く。

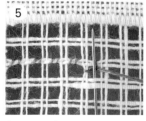

5

ますの下の横の織り糸をすくう。この時糸は針の下に置く。

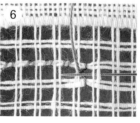

6

ますの右の縦の織り糸をすくう。この時糸は針の下に置く。

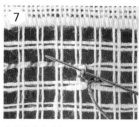

7

上の糸をすくう。

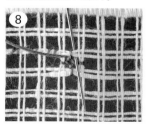

8

ますの上の横の織り糸をすくう。

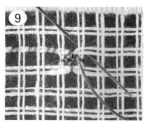

9

右上の織り糸をすくう（2と同様）。

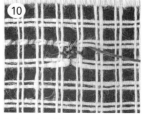

10

七宝かがりがますに1つできた。

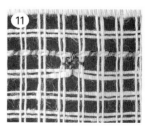

11

巻きかがり2回で移動しながら右枠まで刺し、糸を始末する。七宝かがりは1列ごとに糸をつけながら指定の位置に刺していく。

49

Cut work & Edging/Hedebo カットワーク＆縁かがり／ヘデボ

【 枠の作り方 Circle motif Doily-scallop ／p.24 ／作り方 p.88、Circle motif Doily-oval ／p.25 ／作り方 p.88、
　Tulip motif Doily ／p.26 ／作り方 p.88、Edging work Collar ／p.27 ／作り方 p.87 】

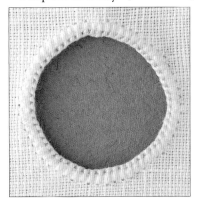

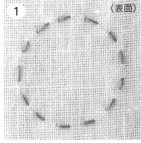

1 （表面）

枠の輪郭を布に写す。輪郭線の上にランニング・ステッチ（64ページ）を1周刺す（糸端は玉結びをせず、裏面に1cmほど残す）。

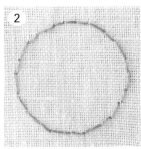

2

もう1周ランニング・ステッチをし、空き部分を刺し埋める。

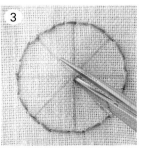

3

内側を中心から放射状に印をつけ、中心からはさみを入れて線上に切込みを入れる。

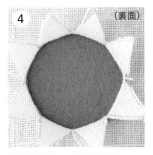

4 （裏面）

裏面に切り込んだ布を折り込む。

5 （表面）

表面に戻し、折り込んだ布と輪郭線の際に針を数針刺し、糸の端をとめておく。

6

折り込んだ布を裏面に戻し、輪郭線上より少し外側に針を裏から入れる。糸は針の下に置く。

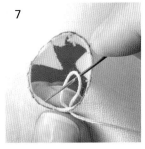

7

輪に針を入れ、引き締める。

8

ボタンホール・ステッチができた。

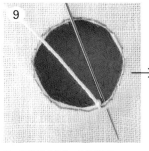

9

6～8を繰り返し、1周刺す。

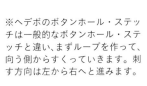

※ヘデボのボタンホール・ステッチは一般的なボタンホール・ステッチと違い、まずループを作って、向う側からすくっていきます。刺す方向は左から右へと進みます。

10

刺し終りは1つめのステッチの結び目に針を入れ、糸を引く。

11 （裏面）

裏面の刺し目に針を通し、糸端を始末する。

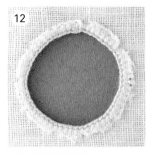

12

裏面の折り込んだ布をステッチの際で切る。

【 ボタンホール・ステッチ＋巻きかがり　Circle motif Doily-scallop／p.24／作り方 p.88、
Circle motif Doily-oval／p.25／作り方 p.88 】

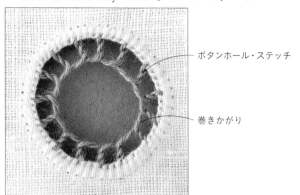

ボタンホール・ステッチ

巻きかがり

ボタンホール・ステッチ

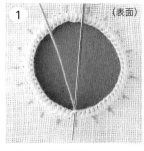

1　　　　　　　　　　　（表面）

枠の外側に等間隔で印をつける
（刺す間隔をここで決めておく）。
印の枠の結び目に針を裏から入れ
る。

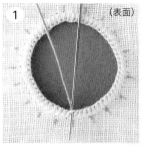

2

右隣にある印の枠の結び目に針を
裏から入れる。

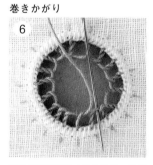

3

輪に針を入れ、糸をゆるめに引く。ボタンホール・ステッチができた。

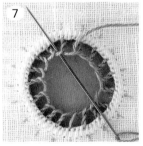

4

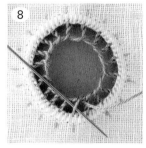

2、3を繰り返し、1周刺す。

巻きかがり

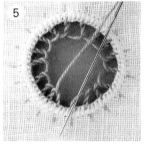

5

1周刺せたら、1つめのステッチ
のループに針を入れ、糸を引く。
ボタンホール・ステッチが刺せた。

6

続けて右隣の2つめのステッチの
ループに針を入れ、糸を引く。

7

6を繰り返し、1つのステッチの
ループに針を入れ、ループを巻き
かがりをする。

8

1周巻きかがりをする。刺し終わ
り1つめのステッチに針を入れ、
糸を引く。

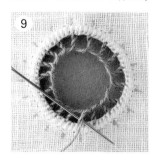

9

8と同様にもう一度針を入れ、糸
を引く。裏面の枠に糸を通して始
末する。

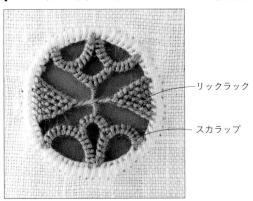

枠から続けてステッチを刺すこともできるが、写真では分かりやすいように色の違う糸をつけて解説している。

リックラック

スカラップ

スカラップ

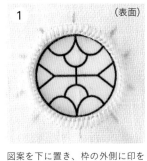

1 （表面）

図案を下に置き、枠の外側に印をつける。

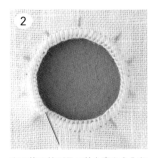

2

印の枠の結び目に針を裏から入れる。

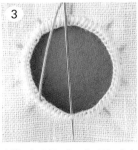

3

右隣にある印の枠の結び目に針を入れる。

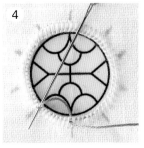

4

渡った糸でループを作る。この時図案に合わせた大きさにループを作る。2の位置に針を入れ、もう1つ同じループを作る。

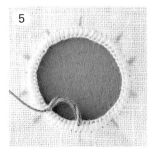

5

2〜4を繰り返し、同じ大きさのループを4本作る。

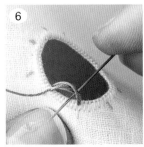

6

ループに針を入れ、ゆるめに糸を引く。

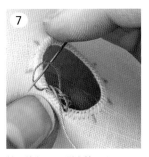

7

輪に針を入れ、引き締める。

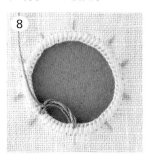

8

ボタンホール・ステッチができた。6〜8を繰り返し、ループの端まで刺す。

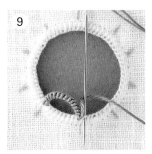

9

1つめのスカラップが刺せた。続けて右隣のループ（2つめのスカラップ）を刺す。枠の結び目に1針刺し、移動する。

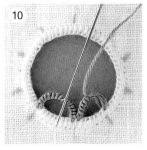

10

3〜8を繰り返し、ステッチをループの半分の位置まで刺す。続けて1つめのスカラップの中心の結び目に針を入れる。

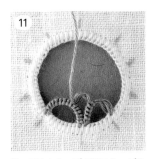

11

2つのスカラップの間にループを作る（3つめのスカラップ）。2つのスカラップに針を入れながら間に糸を3本渡す。

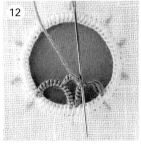

12

ボタンホール・ステッチをループの端まで刺す。3つめのスカラップが刺せた。

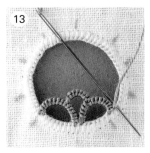

13

続けて途中まで刺した2つめのループにボタンホール・ステッチを端まで刺す。2つめのスカラップが刺せた。

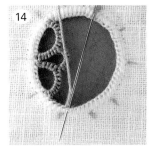

14

枠の結び目に針を入れ、巻きかがりでリックラックを刺す位置まで移動する。

リックラック

15

枠の結び目に針を入れ、ボタンホール・ステッチを刺す。

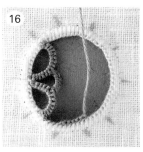

16

次の印まで**15**と同様に刺し進む（写真は6回刺した状態。作品によって異なる）。

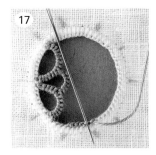

17

ボタンホールの結び目に針を入れ、巻きかがりで左端まで戻る。

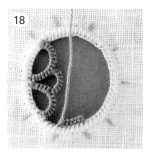

18

リックラックの1段めが刺せた。

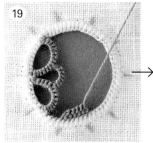

19

続けてその上に2段めのボタンホール・ステッチを5回刺し、巻きかがりで左端まで戻る。

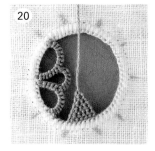

20

2段めと同様に6段めまで刺し進む（ステッチの回数は、3段め→4回、4段め→3回、5段め→2回、6段め→1回）。

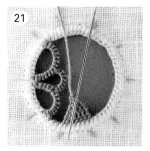

21

リックラックの右端まで1段に1回巻きかがりで戻る。

対角線上のスカラップを途中まで刺し、上下をつなげる

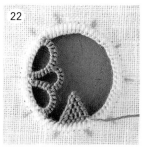

22

枠まで戻った。

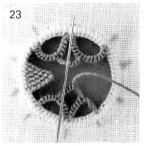

23

枠の結び目に針を入れ、巻きかがりでスカラップを刺す位置まで移動する。2〜11と同様に刺す。続けて3つめのスカラップをループの半分の位置まで刺す。対角線上にある3つめのスカラップに針を入れる。

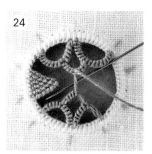

24

渡した糸に2〜3回巻きかがりをする。

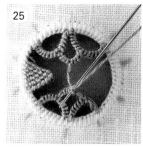

25

途中まで刺した3つめのスカラップの結び目に針を入れる。

対角線上のリックラックを刺し、上下をつなげる

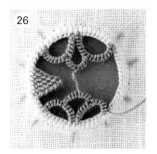

26

続けて3つめ、2つめのスカラップの残りを端まで刺す。

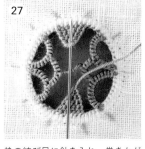

27

枠の結び目に針を入れ、巻きかがりでリックラックを刺す位置まで移動する。15〜20と同様にリックラックを刺す。対角線上のリックラックの頂点の結び目に針を入れる。

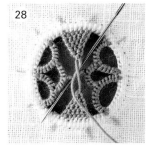

28

渡した糸に2〜3回巻きかがりをする。この時、横に渡っている糸も針にかけ、巻きかがりをする。

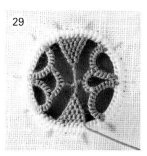

29

リックラックの右端まで1段に1回巻きかがりで戻る。裏面の枠に糸を通して始末する。

【 チューリップモチーフA　Tulip motif Doily／p.26／作り方 p.88 】

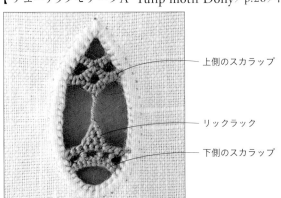

枠から続けてステッチを刺すこともできるが、写真では分かりやすいように裏面の枠に色の違う糸をつけて解説している。

上側のスカラップを刺す

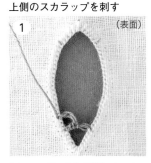

1　（表面）

52ページ2〜8を参照し、1つめのスカラップを作り（ループは4本渡す）、ボタンホール・ステッチでループの半分の位置まで刺す。続けて左枠からループを4本渡し、2つめのスカラップを作る。

2

ボタンホール・ステッチをループの端まで刺す。2つめのスカラップが刺せた。

3

続けて1つめのループの端まで刺す。1つめのスカラップが刺せた。枠の結び目に針を入れ、巻きかがりで3つめのスカラップを刺す位置まで移動する。

4

1つめのスカラップの中心の結び目からループを4本渡し、3つめのスカラップを作る。

5

3つめのループの半分の位置まで刺す。

6

2つめのスカラップの中心の結び目からループを4本渡し、4つめのスカラップを作る。

下側のスカラップを刺す

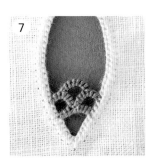

7

4つめのループを端まで刺す。続けて3つめのスカラップの残りを端まで刺す。裏面の枠に糸を通して始末する。

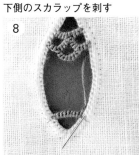

8

180度向きを変え、同様にスカラップを作る（ループは4本渡す）。端まで刺し、右枠の結び目に針を入れる。

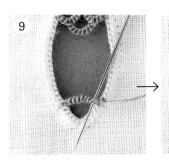

9

ボタンホールの結び目に針を入れ、巻きかがりで左端まで戻る。左枠の結び目に針を入れる。

10

左枠の結び目に巻きかがりで図案の位置まで移動する。スカラップの結び目（左端から4分の1）に針を入れる。

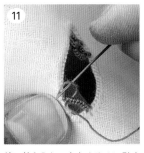

11

輪に針を入れ、糸をゆるめに引く（ボタンホール・ステッチ）。

12

同様にボタンホール・ステッチを繰り返す。右枠の結び目に針を入れる。

13

輪に針を入れ、糸をゆるめに引く。ボタンホールのループが4つできる。

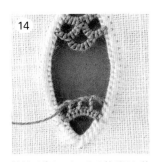

14

続けてボタンホールの結び目に針を入れ、巻きかがりで左端まで戻り、左枠の結び目に針を入れる。

15

続けてボタンホールのループ1つめにボタンホール・ステッチを3目刺す。

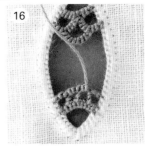

16

続けてボタンホールのループ2つめ、3つめに2目ずつ刺す（合計4目。リックラックの1段め）。

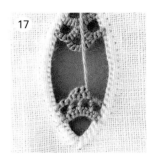

17

53ページ17〜20を参照し、リックラックを刺す（写真は2段めのボタンホール・ステッチを刺し終えたところ。ステッチの回数は、2段め→3回、3段め→2回、4段め→1回）。

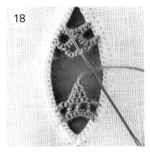

18

上側の3つめのスカラップに針を入れる。

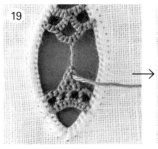

19

渡した糸を2〜3回巻きかがりをする。リックラックの右端まで1段に1回巻きかがりで戻る。

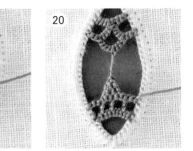

20

14のボタンホールのループ4つめにボタンホール・ステッチを3目刺し、右枠の結び目に針を入れ、裏面の枠に糸を通して始末する。

【 チューリップモチーフB　Tulip motif Doily／p.26／作り方 p.88 】

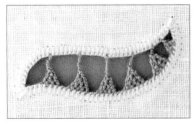

枠から続けてステッチを刺すこともできるが、写真では分かりやすいように裏面の枠に色の違う糸をつけて解説している。

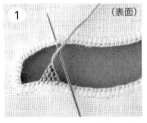

1　　　　　　　（表面）

53ページ15〜20を参照し、リックラックを刺す（写真は4段のリックラック。ステッチの回数は、1段め→4回、2段め→3回、3段め→2回、4段め→1回）。刺す場所によって段数は異なる。上の枠の結び目に針を入れる。

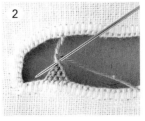

2

渡した糸を2〜3回巻きかがりをする。リックラックの右端まで1段に1回巻きかがりで戻る。

3

リックラックの右端まで1段に1回巻きかがりで戻る。

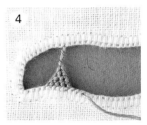

4

枠の結び目に針を入れ、巻きかがりで次のリックラックを刺す位置まで移動する。

【 スカラップ　縁かがり　Circle motif Doily -scallop ／p.24／作り方 p.88 】

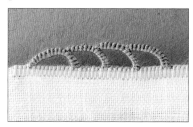

枠から続けてステッチを刺すこともできるが、写真では分かりやすいように裏面の枠に色の違う糸をつけて解説している。

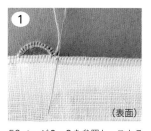

1　52ページ**2**〜**8**を参照し、スカラップを1つ作る。

（表面）

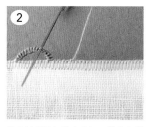

2　枠の結び目に針を入れ、巻きかがりで次のスカラップを刺す位置まで移動する。1つめのスカラップの中心の結び目に針を入れる。

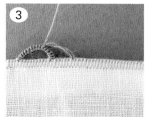

3　ループを3本渡し、2つめのスカラップを作る。

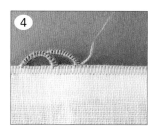

4　**2**、**3**を繰り返し、スカラップを続けて作る。

Drawn Thread work/Reticello　ドロンワーク／レティチェロ

【 枠の作り方　Various squares Small bag ／p.28／作り方 p.92、Frame motif Small bag ／p.30／作り方 p.93 】

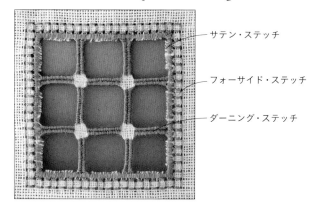

— サテン・ステッチ

— フォーサイド・ステッチ

— ダーニング・ステッチ

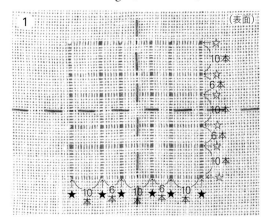

1　（表面）

☆10本
☆6本
☆10本
☆6本
☆10本

★10本　★6本　★10本　★6本　★10本

34ページ「布地の織り糸を抜く」1〜5を参照し、織り糸を抜く。織り糸を抜く間隔は写真参照（★=縦の織り糸を1本抜く、☆=横の織り糸を1本抜く）。

サテン・ステッチ

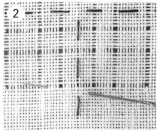

2　針はフランス刺繍針を使用する。織り糸を抜いた外側から針を入れ、横の織り糸を抜いたところに針を出す。

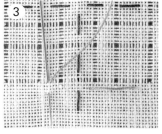

3　横の織り糸を3本すくいながらサテン・ステッチを刺す。縦の織り糸を割りながら刺す。

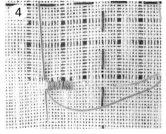

4　すきまをあけずに刺す。

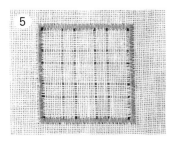

5

回りを1周刺す。角は41ページ「角の刺し方」を参照して刺す。最後は裏面のステッチに糸を通して始末する。

フォーサイド・ステッチ

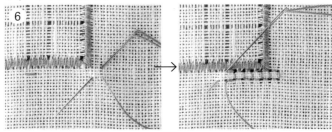

6

クロス・ステッチ針を使用する。外側の織り糸を3本すくいながら、フォーサイド・ステッチ(65ページ)を角から刺す。

織り糸を切り、抜く

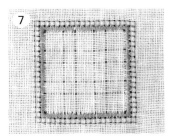

7

回りを1周刺す。裏面のサテン・ステッチに糸を通して始末する。枠ができた。

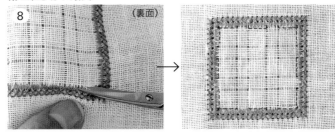

8 （裏面）

裏面から端の織り糸を抜いたところにはさみを入れ(破線部分)、縦、横の織り糸を10本の部分を切る。6本の部分は切らないように注意する。

ダーニング・ステッチ

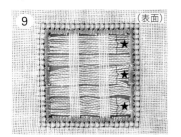

9 （表面）

まずは縦の織り糸を針などで引き出しながら抜く。

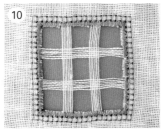

10

続けて横の織り糸 (9の★) を針などで引き出しながら抜く。縦横の織り糸が抜け、織り糸6本で区切ったます目が9つできた。

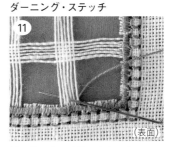

11 （表面）

縦の織り糸の右端の裏面に糸をつける。左側の縦の織り糸を3本すくう。

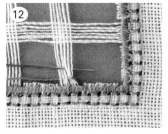

12

続けて右側の縦の織り糸を3本すくう。

13

ダーニング・ステッチが刺せた。11、12をすきまなく繰り返し刺す。

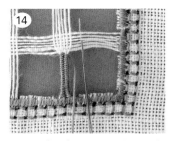

14

縦の1辺(バー)が刺せた。続けて上側の横の織り糸を3本すくい、同様に刺す。

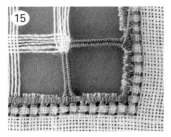

15

横の1辺(バー)が刺せた。残りも同様に刺す。糸を切らずに続けて刺す場合は枠の裏面のステッチに糸を渡し、織り糸の残っている辺まで移動して刺し進める。

【 フラワー・ボタンホール・ステッチA
Various squares pattern Small bag／p.28／作り方 p.92、
Frame motif Small bag／p.30／作り方 p.93 】

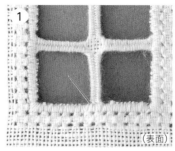

下側のバーに裏から針を入れる。

バーの中心部分の裏から針を入れる。

左枠に裏から針を入れる。

バー2辺に糸が渡った。続けて戻るように糸を3回渡す。

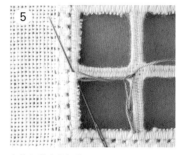

左枠に針を入れる。

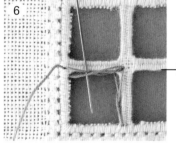

それぞれのバーに糸が3本渡った(ループ)。ループに針を入れ、ボタンホール・ステッチ(64ページ)を刺す(1つめのスカラップ)。

ループの端まで刺す。続けてもう一方のループに針を入れ、ボタンホール・ステッチを刺す(2つめのスカラップ)。

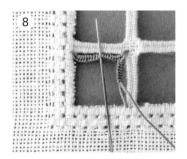

ループの半分の位置まで刺す。1つめのスカラップの中心の結び目に針を入れる。

ループを3本渡す。

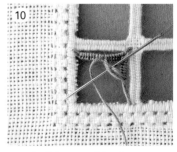

ループに針を入れ、ボタンホール・ステッチを刺す(3つめのスカラップ)。

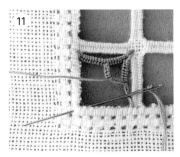

11 ループの半分の位置まで刺す。枠の角に裏から針を入れる。

12 渡した糸に2〜3回巻きかがりをする。途中まで刺した3つめのスカラップの結び目に針を入れる。

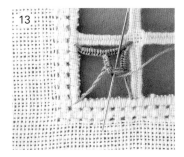

13 続けて3つめのスカラップの残りを端まで刺す。

14 2つめのスカラップの残りを端まで刺す。

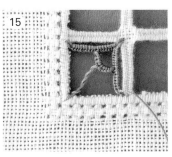

15 ます目の中の模様ができた。

【 フラワー・ボタンホール・ステッチB
Various squares pattern Small bag ／p.28／作り方 p.92 】

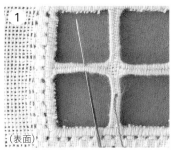

1 (表面) 右のバーと上のバーの中心に裏から針を入れる。

2 バーに糸を3本渡す（ループ）。ループに針を入れ、ボタンホール・ステッチ（64ページ）を刺す（1つめのスカラップ）。

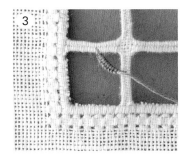

3 ループの端まで刺す。

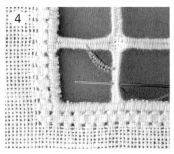

4 糸を裏面に渡して下に移動する。裏から針を入れる。

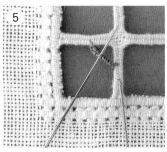

5 1つめのスカラップの中心の結び目に針を入れる。

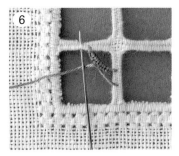

上のバーの中心に裏から針を入れる。

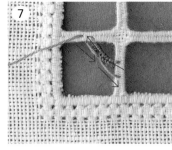

1つめのスカラップの上に糸が渡った。続けて戻るように糸を4回渡す。

糸が3本渡った（ループ）。ループそれぞれに針を入れ、ボタンホール・ステッチを刺す（2つめ、3つめのスカラップ）。

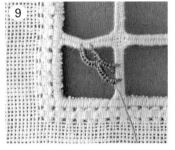

ループの端まで刺す。

対角線上の枠に1〜3を参照し、4つめのスカラップを刺す。ます目の中の模様ができた。

【 リーフ・ボタンホール・ステッチ＋ピコット
 Various squares pattern Small bag／p.28／作り方 p.92、
 Frame motif Small bag／p.30／作り方 p.93 】

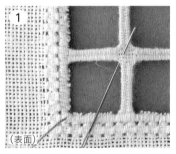

（表面）
左下の枠とバーの中心部分の裏から針を入れる。

斜めに糸が渡った。

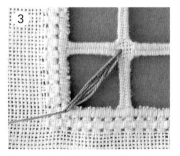

続けて糸が6本渡るように「枠の裏から針を入れ、中心部分の裏から針を出す」を繰り返す。

渡した6本の糸を針で2回すくって糸を引き、端を束ねる。

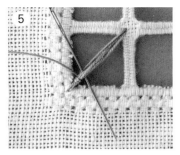

針を斜め上から入れ、渡した糸3本をすくい、糸を引く。

針を斜め下から入れ、5ですくっていない3本をすくい、糸を引く。

5、6を繰り返し、ダーニング・ステッチ（57ページ11〜13参照）を数針刺す。刺した部分を水平になるように布の向きを変える。写真のように間に針を入れる。

ピコット

下に大きな輪を作り、針を輪の下から入れ、針に3回輪の糸を巻きつける。

糸を引き抜く。針で輪を整えながら少しずつ引き締める。3回巻きのピコットができた。

ダーニング・ステッチを1針刺し、反対側（上側）に糸を出す。

布の天地の向きを変える。写真のように間に針を入れ、8、9と同様にピコットを作る。

ピコットが左右にできた。

61ページ、7～12を繰り返し、ピコットを左右に作りながらダーニング・ステッチを端の少し手前まで刺す。

最後は60ページ4を参照し、渡した6本の糸を針で2回すくって糸を引き、端を束ねる。ます目の中の模様ができた。

【 フラワー・ボタンホール・ステッチ＋ピコット
Various squares pattern Small bag ／p.28／作り方 p.92、
Frame motif Small bag ／p.30／作り方 p.93 】

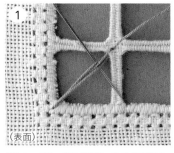

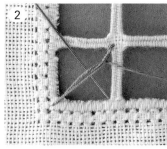

（表面）

60ページ1～3を参照し、糸を3本渡す。

渡した3本に巻きかがりをする。

中心まで巻きつけたら、対角線上の枠に裏から針を入れる。

もう一方の対角線上の枠に裏から針を入れる。

3と同じところに針を入れる。

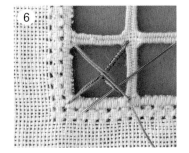

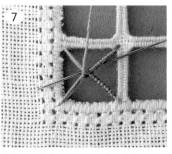

右下に糸が3本渡る。渡した3本に巻きかがりをする。

中心まで巻きつけたら、針を中央のクロス部分に入れる。

左上の枠に裏から針を入れる。

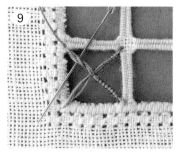

同様に糸を巻きつけていく。

中心まで巻きつける。

中心のクロス部分を上下にすくっていく。これを2周する。

2周通した。左側に糸を出しておく。

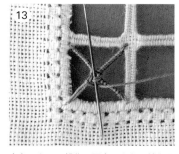

中心のクロス部分に写真のように針を入れ、ボタンホール・ステッチ(64ページ)を1回刺す(通した部分がゆるまないように固定する)。

中心のクロス部分に針を入れ、61ページ8、9を参照し、5回巻きのピコットを作る。

5回巻きのピコットができた。

中心のクロス部分に針を入れ、ピコットをとめる。

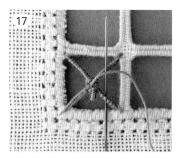

右下の巻きつけた部分(バー)に針を入れ、針を移動させる。

14〜17を繰り返し、中心のクロス部分にピコットを作る。

1で渡した左下の残っている部分に巻きかがりをする。

端まで巻きつけたら、枠に裏から針を出す。ます目の中の模様ができた。

● ランニング・ステッチ

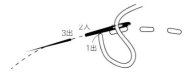

針を引きすぎないように注意しながら
等間隔で刺します。

● アウトライン・ステッチ

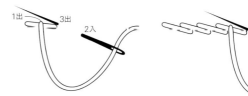

左から右へ針目が重なりながら刺します。

● バック・ステッチ

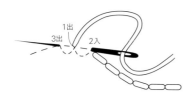

隣り合うステッチは同じ針穴に
入れるときれいにつながります。

● チェーン・ステッチ

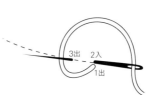

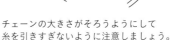

チェーンの大きさがそろうようにして
糸を引きすぎないように注意しましょう。

● コーラル・ステッチ

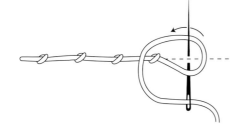

針に糸をかけて結び目を作りながら刺します。

● ボタンホール・ステッチ

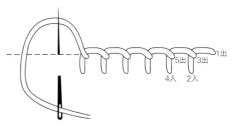

等間隔に刺します。
ブランケット・ステッチとも呼ばれています。
※ヘデボで使用するボタンホール・ステッチは
　方法が違います。50～52ページの
　プロセス写真を参照してください。

● リーフ・ステッチ

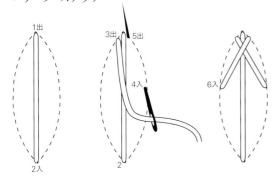

葉の形の中央に刺してから、左右に斜めに刺していきます。
刺し重ねることで刺した部分がぷっくりとふくらみます。

● サテン・ステッチ

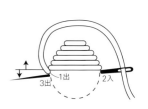

幅の広い中央部分から
矢印の方向にすきまなく刺すと
きれいに仕上がります。

● バリオン・ステッチ

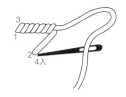

針に糸を巻き、
引き抜く

針に巻く回数は指定がある場合はその回数巻き、刺す幅が決まっている場合はその長さより
少し長めに巻いて刺すときれいな形で刺せます。

● バリオンノット

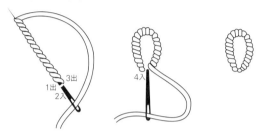

バリオン・ステッチとは違い、針を出し入れする位置は
なるべく同じ位置にし、巻いた部分をループ状にします。

● アイレット・ステッチ

目打ち

布に目打ちで穴をあける

布の回りをすくって
巻きかがりをする

● フォーサイド・ステッチ

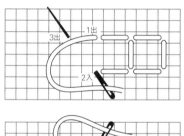

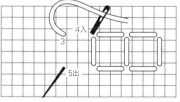

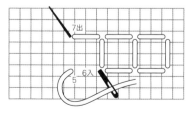

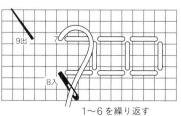

1～6 を繰り返す

● スリーサイド・ステッチ（2重巻き）

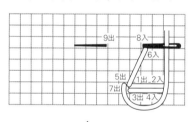

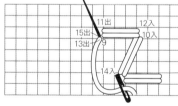

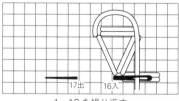

1～16 を繰り返す

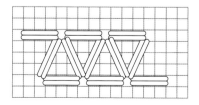

Crown motif Handkerchief

王冠モチーフのハンカチ／p.4

材料

布：カウントリネン 40カウント（白）35.8×35.8cm
糸：DMCアブローダー25番（Blanc）
　　DMC25番刺繍糸（Blanc）片ヘムかがり用

出来上り寸法

33×33cm

作り方のポイント

片ヘムかがりは、織り糸の抜く本数によって3本のところを2本に変えるなど、どこかで調整すれば大丈夫です。

実物大図案

※5ページの王冠モチーフは王冠の図案のみ写す
・糸はアブローダー25番1本どり
・S＝ステッチ

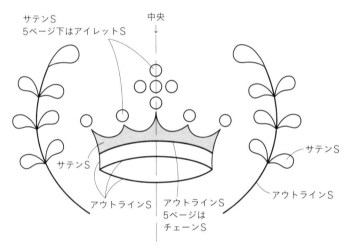

サテンS
5ページ下はアイレットS

中央↓

サテンS

サテンS

アウトラインS

アウトラインS

アウトラインS
5ページは
チェーンS

仕立て方

②裏にして布端から2.1cmの位置の織り糸を
1本四角に抜く（34ページ）

35.8
2.1

①図案を表に写し、指定の位置に刺繍する

6

6
2.1

35.8

→

③回りを0.7cm幅の三つ折りにし、
25番刺繍糸1本どりで織り糸3本の
片ヘムかがり（36ページ）。
裏の角はまつる

33
0.7

0.7

33

Crown & Emblem motif
王冠と紋章のモチーフ/p.5

材料

布：カウントリネン 40カウント（白）13.5×13.5cm
糸：DMCアブローダー25番（Blanc）

実物大図案
・糸は1本どり
・S＝ステッチ

中央

アウトラインS

チェーンS

紋章のモチーフ

リーフS

アウトラインS

アイレットS

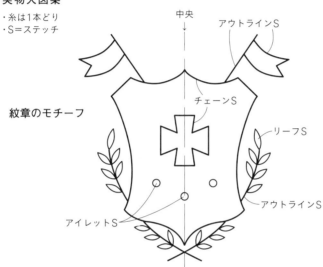

※王冠モチーフは66ページの王冠の図案のみ写す

Star motif Cloth
星モチーフのクロス/p.6

材料

布：カウントリネン 32 カウント（ナチュラル）37 × 29cm
糸：DMC アブローダー 20 番（Blanc）
　　DMC25 番刺繍糸（Blanc）片ヘムかがり用

出来上り寸法

約32 × 24cm

作り方のポイント

リバースファゴット・ステッチは間違いやすいので、2本ずつ織り糸をすくえているか注意しながら刺してください。角の部分で合っているか確認すると間違いに早く気がつくことができます。
片ヘムかがりは、織り糸の抜く本数によって3本のところを2本に変えるなど、どこかで調整すれば大丈夫です。

仕立て方

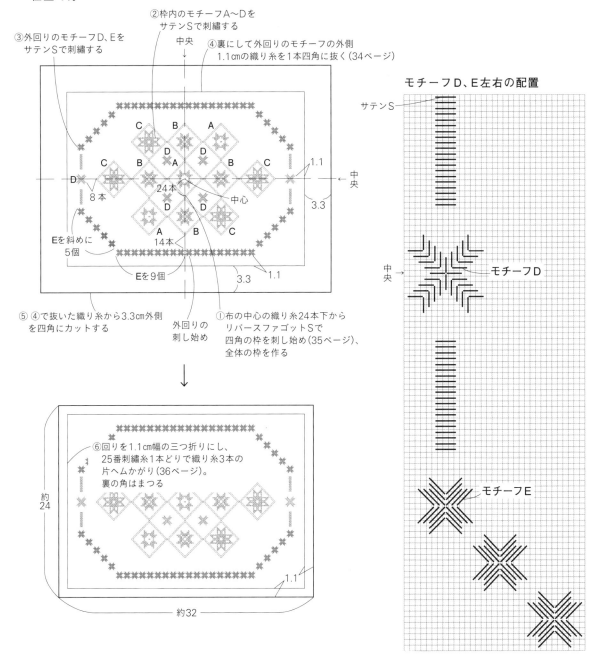

③外回りのモチーフD、Eを
サテンSで刺繍する

②枠内のモチーフA〜Dを
サテンSで刺繍する

中央

④裏にして外回りのモチーフの外側
1.1cmの織り糸を1本四角に抜く（34ページ）

1.1
3.3
中央
8本
24本
14本
中心
Eを斜めに5個
Eを9個
1.1
3.3

⑤④で抜いた織り糸から3.3cm外側
を四角にカットする

外回りの
刺し始め

①布の中心の織り糸24本下から
リバースファゴットSで
四角の枠を刺し始め（35ページ）、
全体の枠を作る

⑥回りを1.1cm幅の三つ折りにし、
25番刺繍糸1本どりで織り糸3本の
片ヘムかがり（36ページ）。
裏の角はまつる

約24
約32
1.1

モチーフD、E左右の配置

サテンS
中央→
モチーフD
モチーフE

図案

- ・糸はアブローダー 20番1本どり
- ・S=ステッチ

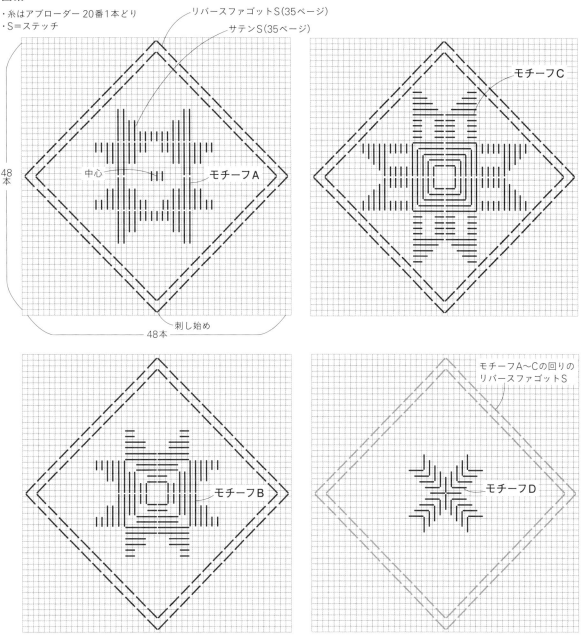

リバースファゴットS（35ページ）
サテンS（35ページ）

中心

モチーフA

48本

48本

刺し始め

モチーフC

モチーフB

モチーフA～Cの回りの
リバースファゴットS

モチーフD

モチーフE上下の配置

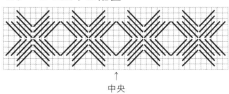

↑
中央

※図のますは織り糸を表わしている

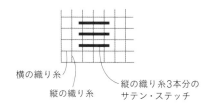

横の織り糸
縦の織り糸
縦の織り糸3本分の
サテン・ステッチ

Edging work variations
縁飾りのバリエーション／p.8

材料　（p.8の写真手前からA〜Dとする）

布：カウントリネン 40カウント A（白）25×25㎝、
　　　B（ベージュ）24×24㎝、
　　　C（白）22×22㎝、
　　　D32カウント（ナチュラル）25×25㎝
糸：DMCアブローダー25番 A、D、C（Blanc）、B（ECRU）

出来上り寸法

約12×12㎝

作り方のポイント

刺繍枠を使うので、布のサイズは大きめに記載しています。
A、Dの片ヘムかがりは、織り糸の抜く本数によって4本
のところを3本に変えるなど、どこかで調整すれば大丈夫
です。

仕立て方

・糸は1本どり
・S＝ステッチ

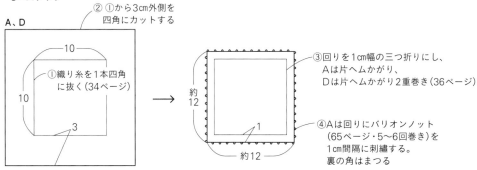

A、D

② ①から3㎝外側を
　四角にカットする

10

① 織り糸を1本四角
　に抜く（34ページ）

10

3

③ 回りを1㎝幅の三つ折りにし、
　Aは片ヘムかがり、
　Dは片ヘムかがり2重巻き（36ページ）

約12

1

約12

④ Aは回りにバリオンノット
　（65ページ・5〜6回巻き）を
　1㎝間隔に刺繍する。
　裏の角はまつる

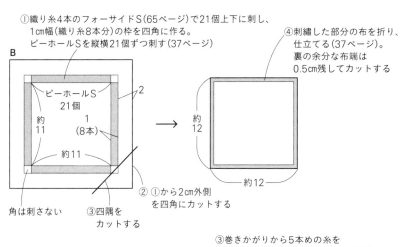

① 織り糸4本のフォーサイドS（65ページ）で21個上下に刺し、
　1㎝幅（織り糸8本分）の枠を四角に作る。
　ビーホールSを縦横21個ずつ刺す（37ページ）

B

ビーホールS
21個

2

約
11

1
（8本）

約11

角は刺さない

③四隅を
カットする

② ①から2㎝外側
を四角にカットする

④ 刺繍した部分の布を折り、
　仕立てる（37ページ）。
　裏の余分な布端は
　0.5㎝残してカットする

約12

約12

ハーフフォーサイドSの
角の刺し方

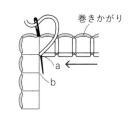

巻きかがり

a

b

角の1個手前の縦の
ラインはaから針を出す

↓

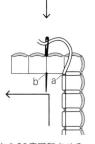

b　a

布を90度回転させる。
aから出た糸を縦のライン
にそわせて針をbから出す。
以降、通常どおり刺し進む

③ 巻きかがりから5本めの糸を
　内側、外側1本ずつ四角に抜いて折り、
　ハーフフォーサイドSを刺す（36ページ）。
　裏の余分な布端は0.3㎝残してカットする

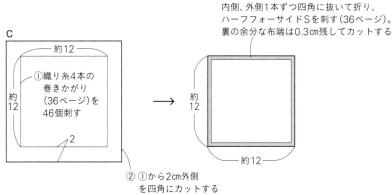

C

約12

① 織り糸4本の
　巻きかがり
　（36ページ）を
　46個刺す

約
12

約
12

2

約12

約
12

約12

② ①から2㎝外側
を四角にカットする

Fringe Cloth, Coaster
フリンジクロス、コースター／p.9

材料
布：クロス カウントリネン 25カウント（白）37×30cm、
　　コースター カウントリネン 32カウント（ナチュラル）
　　25×25cm
糸：DMCアブローダー20番 クロス（B5200）、コースター
　　（Blanc）

出来上り寸法
クロス 23×16.5cm、コースター 11×10.5cm

作り方のポイント
刺繍枠を使うので、布のサイズは大きめに記載しています。

仕立て方
・糸は1本どり
・S＝ステッチ

①フォーサイドS、サテンSを3列、
スリーサイドS（2重巻き）の順に左右に刺繍する

クロス

23

約16

2

フォーサイドS
45個刺す

② ①の刺繍から2cm
外側を四角に
カットする

③ ①のフォーサイドSの端から
織り糸5本あけた位置に巻きかがり。
巻きかがりから4本下の織り糸を1本抜いて折り、
ハーフフォーサイドSを刺す（36ページ）。
織り糸が余ったり、多くなる場合は、
3本または5本にして調節する。
裏側の余分な布端は0.3cm 残してカットする

16.5

23

④左右のスリーサイドS（2重巻き）
の端から1cmの位置で布をカットし、
織り糸を抜き、フリンジを作る（37ページ）

※指定以外はクロスと同様に刺し、仕立てる

コースター

11

①サテンS
は2列

約
10

2

フォーサイドS
29個刺す

②

③

10.5

11

④左右のスリーサイドS（2重巻き）
の端から0.5cmの位置で布をカットし、
織り糸を抜き、フリンジを作る（37ページ）

図案
・S＝ステッチ

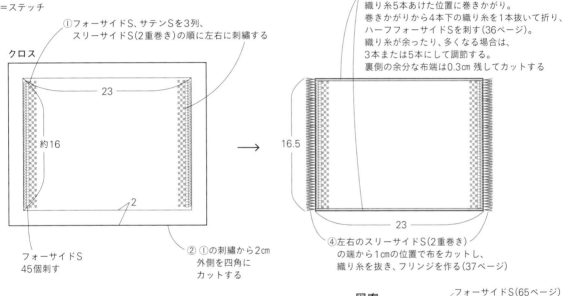

スリーサイドS
（2重巻き・65ページ）

フォーサイドS（65ページ）

サテンS（35ページ）

クロスのみ刺す

Star & Fleur de lis motif Needle cushions
星とアイリスのモチーフの針刺し／p.10

材料

布：カウントリネン 32カウント（白）20×20cm 前側、
　　10.5×10.5cm 後ろ側
糸：DMCアブローダー25番、16番（Blanc）
　　DMCコットンパール8番（Blanc）
　　DMC25番刺繍糸（Blanc）縫合せ用
その他：極小ガラスビーズ、手芸わた 適宜

出来上り寸法

8.5×8.5cm

作り方のポイント

刺繍枠を使うので、布のサイズは大きめに記載しています。

仕立て方

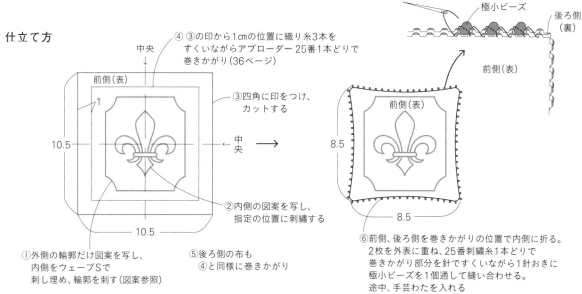

④ ③の印から1cmの位置に織り糸3本を
すくいながらアブローダー 25番1本どりで
巻きかがり（36ページ）

極小ビーズ

後ろ側
（裏）

前側（表）

③四角に印をつけ、
カットする

②内側の図案を写し、
指定の位置に刺繍する

①外側の輪郭だけ図案を写し、
内側をウェーブSで
刺し埋め、輪郭を刺す（図案参照）

⑤後ろ側の布も
④と同様に巻きかがり

⑥前側、後ろ側を巻きかがりの位置で内側に折る。
2枚を外表に重ね、25番刺繍糸1本どりで
巻きかがり部分を針ですくいながら1針おきに
極小ビーズを1個通して縫い合わせる。
途中、手芸わたを入れる

実物大図案

・糸は指定以外アブローダー 1本どり
・S＝ステッチ
・丸数字は刺繍する順番

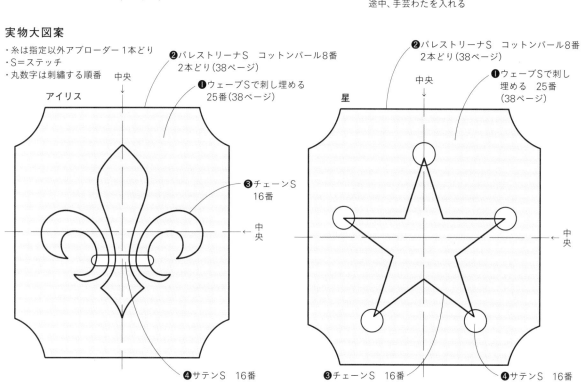

❷パレストリーナS　コットンパール8番
2本どり（38ページ）

❶ウェーブSで刺し埋める
25番（38ページ）

アイリス

❸チェーンS
16番

❹サテンS　16番

❷パレストリーナS　コットンパール8番
2本どり（38ページ）

❶ウェーブSで刺し
埋める 25番
（38ページ）

星

❸チェーンS　16番

❹サテンS　16番

Key motifs
鍵のモチーフ/p.11

材料

布：カウントリネン 32 カウント（白）15 × 18 cm
糸：DMC アブローダー 20 番、25 番（B5200）

実物大図案

・糸は1本どり
・S＝ステッチ
・丸数字は刺繍する順番

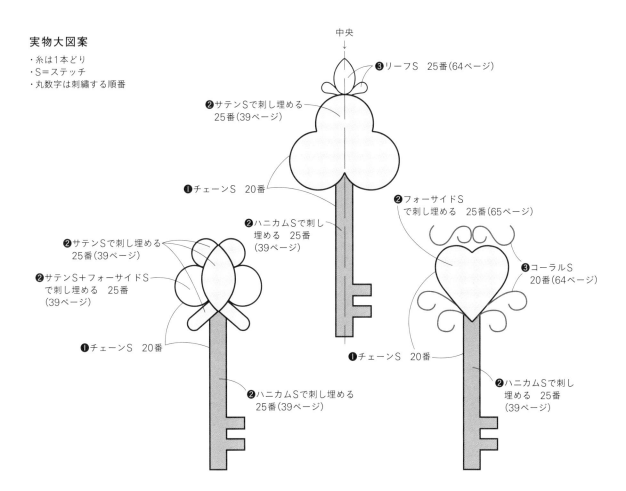

中央

❸リーフS　25番（64ページ）

❷サテンSで刺し埋める
　25番（39ページ）

❶チェーンS　20番

❷ハニカムSで刺し
　埋める　25番
　（39ページ）

❷フォーサイドS
　で刺し埋める　25番（65ページ）

❷サテンSで刺し埋める
　25番（39ページ）

❷サテンS＋フォーサイドS
　で刺し埋める　25番
　（39ページ）

❸コーラルS
　20番（64ページ）

❶チェーンS　20番

❶チェーンS　20番

❷ハニカムSで刺し埋める
　25番（39ページ）

❷ハニカムSで刺し
　埋める　25番
　（39ページ）

Pulled Thread pattern Coasters

プルスレッドワークのコースター／p.12

材料 （p.13の写真左上からA〜Dとする）

布：カウントリネン 25カウント（白）A20×20cm、B22×
22cm、C22×22cm、D22×22cm
糸：DMCアブローダー25番（Blanc）
DMC25番刺繍糸（Blanc）A〜Cの片ヘムかがり、ま
つり用

出来上り寸法

A約9.2×9.2cm、B約9.5×9.5cm、C約9.3×9.3cm、
D約9.5×9.5cm

作り方のポイント

糸を強めに引かないと布の穴があいてレースのような模様
が出ません。
刺繍枠を使うので、布のサイズは大きめに記載しています。
※仕立て方は76ページ。

図案

・糸はアブローダー25番1本どり
・S＝ステッチ
・丸数字は刺繍する順番

●フォーサイドS（65ページ）

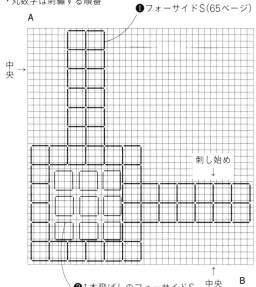

中央→

刺し始め

中央

❷1本飛ばしのフォーサイドS
（40ページ）

フォーサイドSの角の刺し方

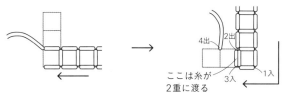

通常のフォーサイドSで
角まで進む

4出 2出
3入 1入
ここは糸が
2重に渡る

布を90度回転させ、図の順
に角を刺す。以降、通常の
フォーサイドSで刺し進む

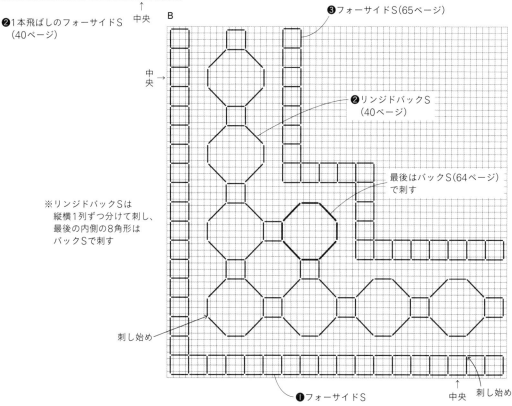

❸フォーサイドS（65ページ）

❷リンジドバックS
（40ページ）

最後はバックS（64ページ）
で刺す

中央→

※リンジドバックSは
縦横1列ずつ分けて刺し、
最後の内側の8角形は
バックSで刺す

刺し始め

❶フォーサイドS

中央

刺し始め

B

74

図案

・糸はアブローダー 25番1本どり
・S＝ステッチ
・丸数字は刺繍する順番

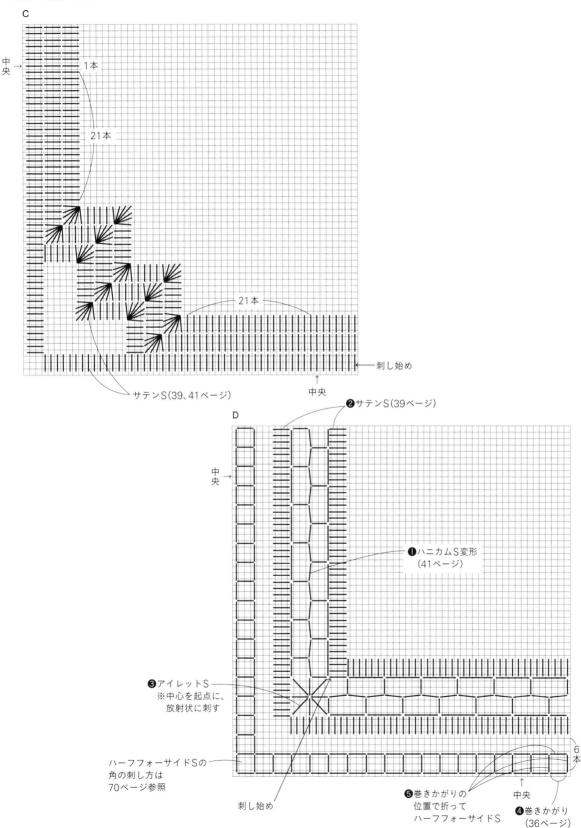

C

中央→

1本

21本

21本

サテンS（39、41ページ）

刺し始め

中央

❷サテンS（39ページ）

D

中央→

❶ハニカムS変形
（41ページ）

❸アイレットS
※中心を起点に、
放射状に刺す

ハーフフォーサイドSの
角の刺し方は
70ページ参照

刺し始め

6本

❺巻きかがりの
位置で折って
ハーフフォーサイドS

中央

❹巻きかがり
（36ページ）

75

仕立て方

・糸は指定以外はアブローダー25番1本どり
・S＝ステッチ

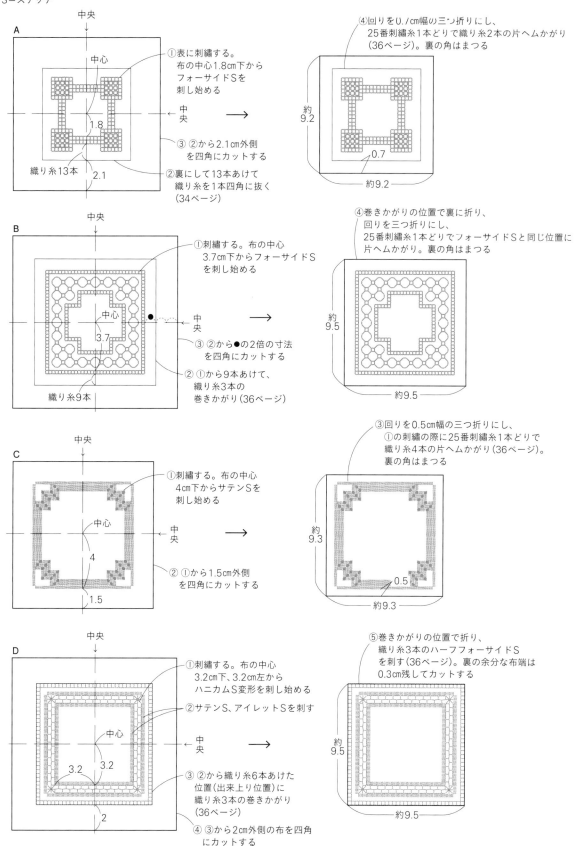

A

中央

中心

①表に刺繍する。
布の中心1.8cm下から
フォーサイドSを
刺し始める

中央

1.8

③ ②から2.1cm外側
を四角にカットする

織り糸13本

2.1

②裏にして13本あけて
織り糸を1本四角に抜く
(34ページ)

④回りを0.7cm幅の三つ折りにし、
25番刺繍糸1本どりで織り糸2本の片ヘムかがり
(36ページ)。裏の角はまつる

約9.2

0.7

約9.2

B

中央

①刺繍する。布の中心
3.7cm下からフォーサイドS
を刺し始める

中心

3.7

中央

③ ②から●の2倍の寸法
を四角にカットする

② ①から9本あけて、
織り糸3本の
巻きかがり(36ページ)

織り糸9本

④巻きかがりの位置で裏に折り、
回りを三つ折りにし、
25番刺繍糸1本どりでフォーサイドSと同じ位置に
片ヘムかがり。裏の角はまつる

約9.5

約9.5

C

中央

①刺繍する。布の中心
4cm下からサテンSを
刺し始める

中心

中央

4

② ①から1.5cm外側
を四角にカットする

1.5

③回りを0.5cm幅の三つ折りにし、
①の刺繍の際に25番刺繍糸1本どりで
織り糸4本の片ヘムかがり(36ページ)。
裏の角はまつる

約9.3

0.5

約9.3

D

中央

①刺繍する。布の中心
3.2cm下、3.2cm左から
ハニカムS変形を刺し始める

②サテンS、アイレットSを刺す

中心

3.2 3.2

中央

③ ②から織り糸6本あけた
位置(出来上り位置)に
織り糸3本の巻きかがり
(36ページ)

2

④ ③から2cm外側の布を四角
にカットする

⑤巻きかがりの位置で折り、
織り糸3本のハーフフォーサイドS
を刺す(36ページ)。裏の余分な布端は
0.3cm残してカットする

約9.5

約9.5

Striped pattern

ストライプ模様／p.15

材料

布：カウントリネン 32 カウント（ナチュラル）25 × 20cm
糸：DMCアブローダー20番（Blanc）
　　DMC25番刺繍糸（Blanc）片ヘムかがり用

図案

・糸はアブローダー20番1本どり
・ループノットかがり、すくいかがり、結びかがりの片ヘムかがりは
　25番刺繍糸で織り糸を3本すくう
・刺繍との間はすべて0.2cmあける
・S＝ステッチ

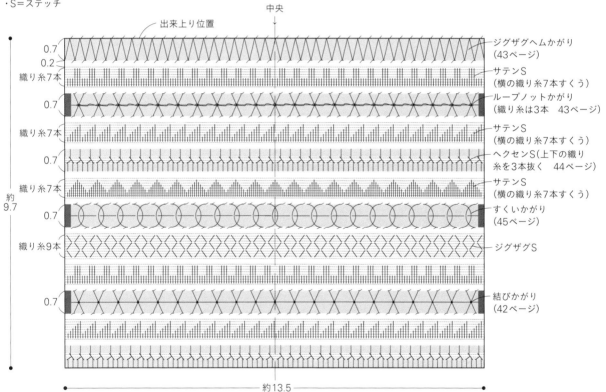

中央

出来上り位置

0.7
0.2
織り糸7本
0.7
織り糸7本
0.7
織り糸7本
0.7
織り糸9本
0.7

約9.7

約13.5

ジグザグヘムかがり
（43ページ）
サテンS
（横の織り糸7本すくう）
ループノットかがり
（織り糸は3本　43ページ）
サテンS
（横の織り糸7本すくう）
ヘクセンS（上下の織り
糸を3本抜く　44ページ）
サテンS
（横の織り糸7本すくう）
すくいかがり
（45ページ）
ジグザグS

結びかがり
（42ページ）

● ジグザグ・ステッチ

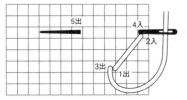

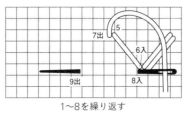

1〜8を繰り返す

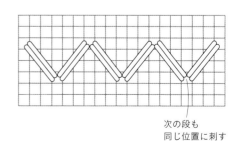

次の段も
同じ位置に刺す

Striped pattern Small bag
ストライプ模様の小さなバッグ/p.14

材料

布：カウントリネン 32 カウント（ナチュラル）16.6×37cm、
　　木綿（黒）15×31cm 裏布用

糸：DMCアブローダー20番、25番（Blanc）
　　DMC25番刺繍糸（Blanc）片ヘムかがり用

その他：サテンリボン 0.3cm幅（黒）40cm×2本

出来上り寸法

13×16cm

作り方のポイント

織り糸の抜く本数を間違えてしまった場合は、4本のところを3本に変えるなど、どこかで調整すれば大丈夫です。

図案

・糸は指定以外はアブローダー25番1本どり
・すくいかがりの片ヘムかがりは25番刺繍糸1本どりで織り糸を4本すくう
・S＝ステッチ

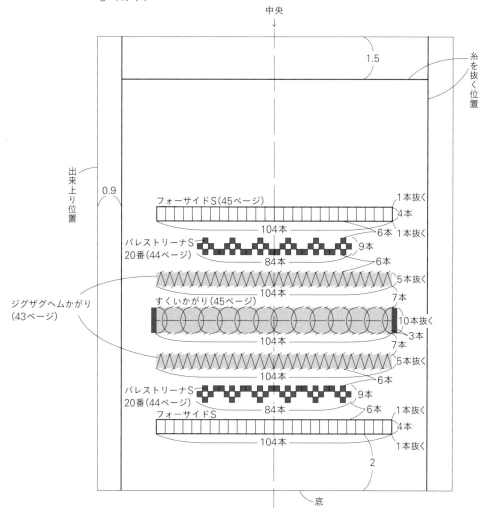

裁ち方

表布(カウントリネン・ナチュラル)

中央

2.5

1.5

0.9

刺繍位置

1.8

2

底

32

出来上り
位置

37

13

16.6

裏布(木綿・黒)

1

出来上り位置

29

底

1

31

底

13

15

⑤裏布を底で中表に折り、脇を縫う

裏布(裏)

1

底

仕立て方

③入れ口側4cmの位置の横の織り糸を1本抜く。
1.5cm幅に三つ折りにし、25番刺繍糸
1本どりで織り糸3本の片ヘムかがり

1   1.5

(裏)

出来上り図

⑥裏布の入れ口の縫い代を裏側に折る。
表布の中に裏布を入れ、表布の入れ口
に裏布をまつる

入れ口

1cm折る

まつる

表布
(裏)

裏布(表)

1.5

表布(表)

①指定の位置に刺繍する

②裏にして脇の布端から2.7cmの位置の縦の
織り糸を1本抜く(34ページ)。
0.9cm幅に三つ折りにし、25番刺繍糸1本どりで
織り糸3本の片ヘムかがり(36ページ)

16

0.9

0.9

④底から外表で折り、脇を25番刺繍糸
1本どりでコの字とじで縫い合わせる

⑦リボンを両脇から
1本ずつ通し、
端を結ぶ

13

(表)

(表)

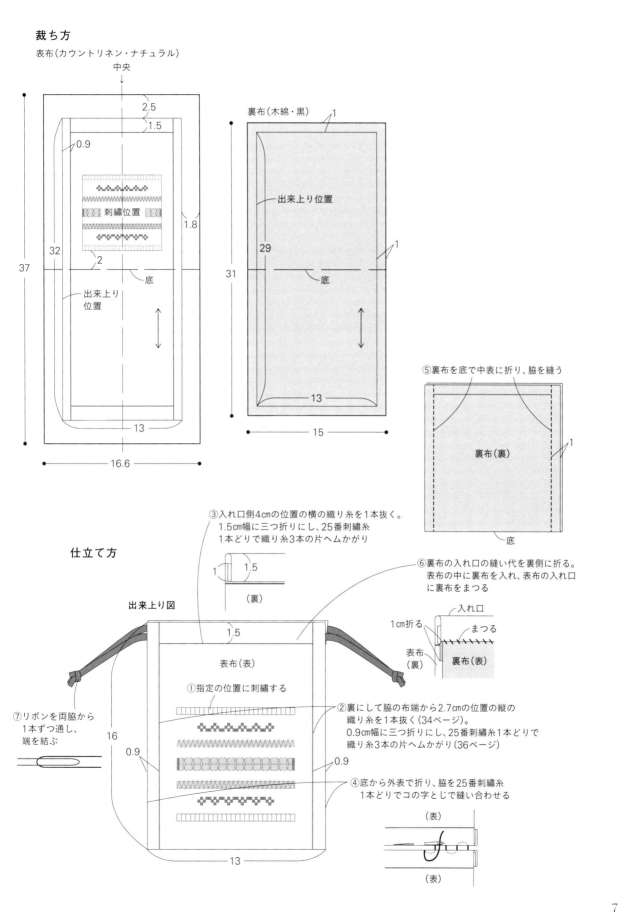

Cross motif Cloth

十字架モチーフのクロス／p.16

材料

布：カウントリネン 32カウント（白）41×41cm
糸：DMCアブローダー16番、20番、25番（Blanc）
　　DMC25番刺繍糸（Blanc）片ヘムかがり用

出来上り寸法

37×37cm

作り方のポイント

片ヘムかがりは、織り糸の抜く本数によって3本のところ
を2本に変えるなど、どこかで調整すれば大丈夫です。

実物大図案

・糸はアブローダー1本どり
・S＝ステッチ
・丸数字は刺繍する順番

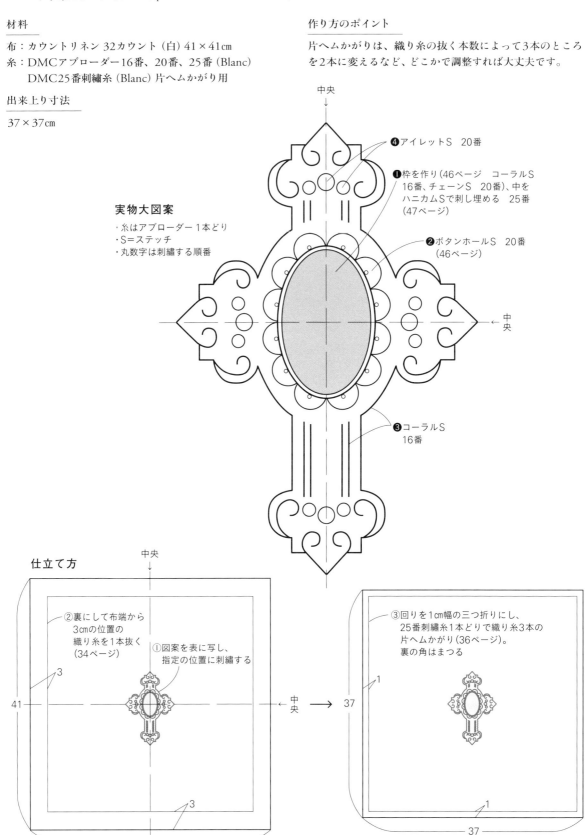

中央

❹アイレットS　20番

❶枠を作り（46ページ　コーラルS
16番、チェーンS　20番）、中を
ハニカムSで刺し埋める　25番
（47ページ）

❷ボタンホールS　20番
（46ページ）

❸コーラルS
16番

中央

仕立て方

中央

②裏にして布端から
3cmの位置の
織り糸を1本抜く
（34ページ）

①図案を表に写し、
指定の位置に刺繍する

3

41

3

41

←中央

→

③回りを1cm幅の三つ折りにし、
25番刺繍糸1本どりで織り糸3本の
片ヘムかがり（36ページ）。
裏の角はまつる

37

1

1

37

Shell motif
貝のモチーフ／p.18

材料

布：カウントリネン 32カウント（ナチュラル）18×18cm
糸：DMCアブローダー16番、20番、25番（Blanc）

実物大図案

・糸は1本どり
・S＝ステッチ
・丸数字は刺繍する順番

中央

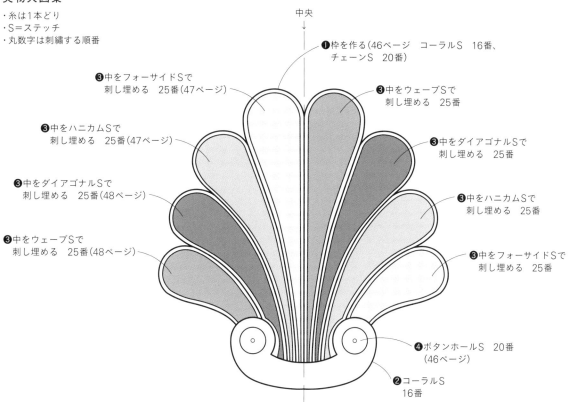

❶枠を作る(46ページ　コーラルS　16番、
　　チェーンS　20番)

❸中をフォーサイドSで
　刺し埋める　25番(47ページ)

❸中をウェーブSで
　刺し埋める　25番

❸中をハニカムSで
　刺し埋める　25番(47ページ)

❸中をダイアゴナルSで
　刺し埋める　25番

❸中をダイアゴナルSで
　刺し埋める　25番(48ページ)

❸中をハニカムSで
　刺し埋める　25番

❸中をウェーブSで
　刺し埋める　25番(48ページ)

❸中をフォーサイドSで
　刺し埋める　25番

❹ボタンホールS　20番
　(46ページ)

❷コーラルS
　16番

Flower motif Needle book

花モチーフのニードルブック／p.19

材料

布：カウントリネン 32カウント（ナチュラル）21×13cm、
　　リネン（生成り）16×10.5cm 裏布用
糸：DMCアブローダー16番、20番、25番（Blanc）
その他：フェルト（生成り）13×7cm

出来上り寸法

7×8.5cm

作り方のポイント

刺繍枠を使うので、布のサイズは大きめに記載しています。

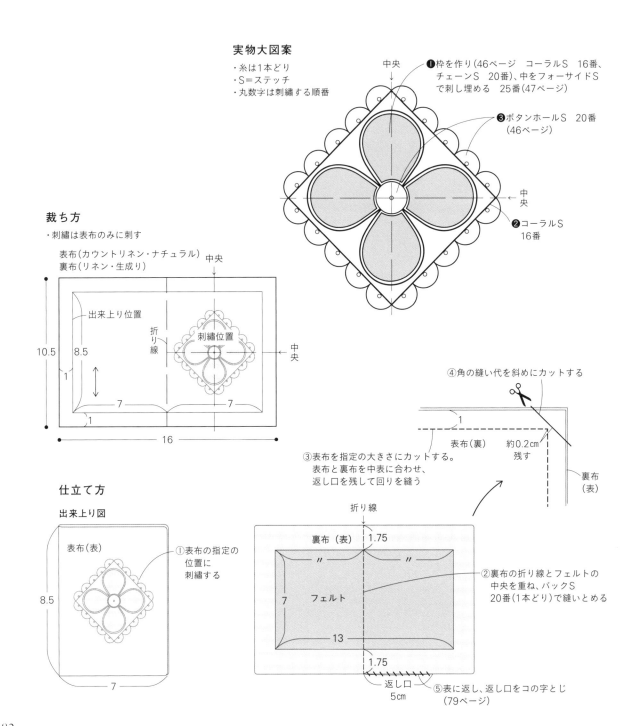

実物大図案

・糸は1本どり
・S＝ステッチ
・丸数字は刺繍する順番

❶枠を作り（46ページ　コーラルS　16番、
　チェーンS　20番）、中をフォーサイドS
　で刺し埋める　25番（47ページ）

❸ボタンホールS　20番
　（46ページ）

中央

❷コーラルS
　16番

裁ち方

・刺繍は表布のみに刺す

表布（カウントリネン・ナチュラル）
裏布（リネン・生成り）

中央

出来上り位置

折り線

刺繍位置

中央

10.5

8.5

1

7　　　7

1

16

④角の縫い代を斜めにカットする

1

表布（裏）

約0.2cm
残す

裏布
（表）

③表布を指定の大きさにカットする。
　表布と裏布を中表に合わせ、
　返し口を残して回りを縫う

仕立て方

出来上り図

表布（表）

①表布の指定の
　位置に
　刺繍する

8.5

7

折り線

裏布（表）　1.75

フェルト

7

13

1.75

返し口
5cm

②裏布の折り線とフェルトの
　中央を重ね、バックS
　20番（1本どり）で縫いとめる

⑤表に返し、返し口をコの字とじ
　（79ページ）

82

Bird and Flower motif
鳥と花のモチーフ/p.20

材料

布：カウントリネン 32カウント（白）26×16cm
糸：DMCアブローダー25番（Blanc）

図案

・糸は1本どり
・S＝ステッチ
・織り糸は2本抜き、2本残す
・丸数字は刺繍する順番

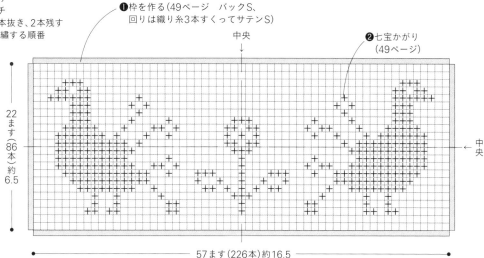

❶枠を作る(49ページ　バックS、回りは織り糸3本すくってサテンS)

中央

❷七宝かがり(49ページ)

中央

22ます(86本)約6.5

57ます(226本)約16.5

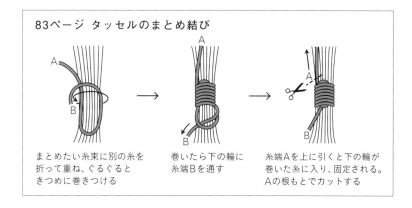

83ページ タッセルのまとめ結び

A

A

A

B

B

B

まとめたい糸束に別の糸を折って重ね、ぐるぐるときつめに巻きつける

巻いたら下の輪に糸端Bを通す

糸端Aを上に引くと下の輪が巻いた糸に入り、固定される。Aの根もとでカットする

Flower motif Small bag
花モチーフの小さなバッグ/p.22

材料

布：カウントリネン 32カウント（白）52×25cm、
　　木綿（白）直径11cm 表布底用、
　　木綿（黒）43×19.5cm 裏布側面用、直径11cm 裏布底用
糸：DMCアブローダー25番（Blanc）
　　DMC25番刺繍糸（Blanc）仕立て用
　　DMCコットンパール5番（ECRU）ひも用
その他：厚紙 直径9cm 1枚 裏布底用

出来上り寸法

深さ約16cm、底の直径9cm

作り方のポイント

刺繍枠を使うので、布のサイズは大きめに記載しています。
※仕立て方、図案は84、85ページ。

仕立て方

- ・刺繍は側面表布のみに刺す
- ・S＝ステッチ
- ・糸は25番刺繍糸1本とり

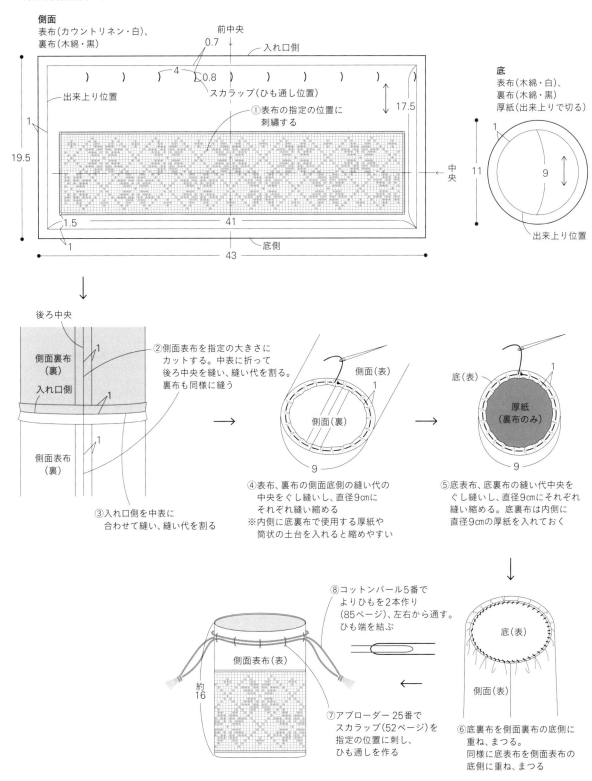

側面
表布（カウントリネン・白）、
裏布（木綿・黒）

前中央
0.7
入れ口側

))) (0.8)))))
4
スカラップ（ひも通し位置）

17.5

出来上り位置

①表布の指定の位置に
刺繍する

1

19.5

←中央

1.5
41

1
底側

43

底
表布（木綿・白）、
裏布（木綿・黒）
厚紙（出来上りで切る）

1
11
9

出来上り位置

後ろ中央

側面裏布（裏）

入れ口側

1

側面表布（裏）

1

1

②側面表布を指定の大きさに
カットする。中表に折って
後ろ中央を縫い、縫い代を割る。
裏布も同様に縫う

③入れ口側を中表に
合わせて縫い、縫い代を割る

→

側面（表）

1

側面（裏）
9

④表布、裏布の側面底側の縫い代の
中央をぐし縫いし、直径9cmに
それぞれ縫い縮める
※内側に底裏布で使用する厚紙や
筒状の土台を入れると縮めやすい

→

底（表）

厚紙（裏布のみ）

1

9

⑤底表布、底裏布の縫い代中央を
ぐし縫いし、直径9cmにそれぞれ
縫い縮める。底裏布は内側に
直径9cmの厚紙を入れておく

↓

底（表）

側面（表）

⑥底裏布を側面裏布の底側に
重ね、まつる。
同様に底表布を側面表布の
底側に重ね、まつる

---

⑧コットンパール5番で
よりひもを2本作り
（85ページ）、左右から通す。
ひも端を結ぶ

側面表布（表）

約16

←

⑦アブローダー25番で
スカラップ（52ページ）を
指定の位置に刺し、
ひも通しを作る

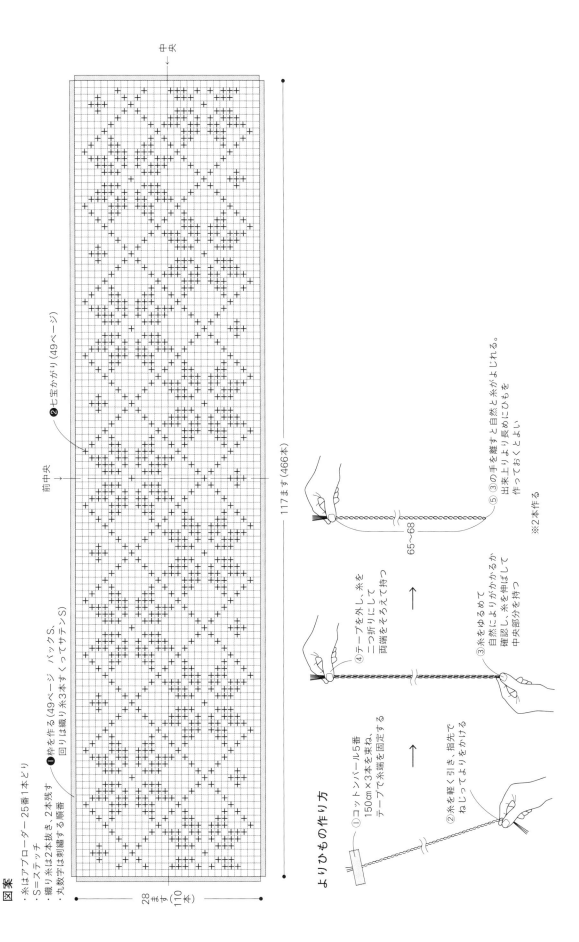

図案

・糸はアブローダー25番1本どり
・S＝ステッチ
・織り糸は2本抜き、2本残す
・丸数字は刺繍する順番

❶枠を作る（49ページ）　バックS、
回りは織り糸3本すくってサテンS）

❷七宝かがり（49ページ）

中央

前中央

117ます（466本）

28ます（110本）

よりひもの作り方

①コットンパール5番
150cm×3本を束ね、
テープで糸端を固定する

②糸を軽く引き、指先で
ねじってよりをかける

③糸をゆるめて
自然によりがかかるか
確認し、糸を伸ばして
中央部分を持つ

④テープを外し、糸を
二つ折りにして
両端をそろえて持つ

⑤③の手を離すと自然と糸がよじれる。
出来上りより長めにひもを
作っておくとよい

65〜68

※2本作る

Flower and Cross motif Book mark

花とクロスモチーフのしおり／p.21

材料

布：カウントリネン 32カウント（白）15×20cm

糸：DMCアブローダー25番（Blanc）

出来上り寸法

5×13.5cm

作り方のポイント

刺繍枠を使うので、布のサイズは大きめに記載しています。

図案

・糸は1本どり

・S＝ステッチ

・織り糸は2本抜き、2本残す

・丸数字は刺繍する順番

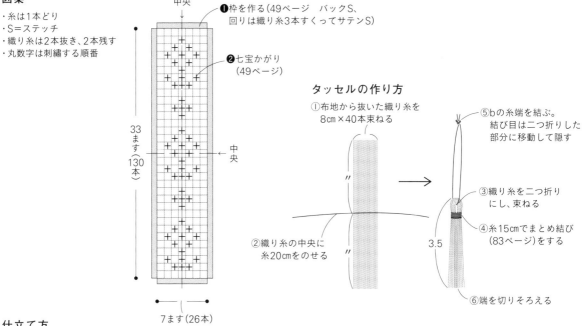

中央

❶枠を作る（49ページ　バックS、回りは織り糸3本すくってサテンS）

❷七宝かがり（49ページ）

中央

33ます（130本）

7ます（26本）

タッセルの作り方

①布地から抜いた織り糸を8cm×40本束ねる

②織り糸の中央に糸20cmをのせる

③織り糸を二つ折りにし、束ねる

④糸15cmでまとめ結び（83ページ）をする

⑤bの糸端を結ぶ。結び目は二つ折りした部分に移動して隠す

⑥端を切りそろえる

3.5

仕立て方

・糸は1本どり

・S＝ステッチ

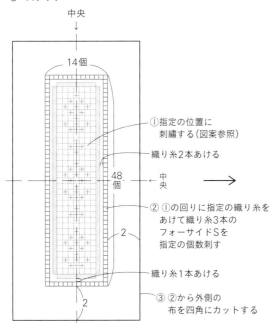

中央

14個

48個

中央

2

2

①指定の位置に刺繍する（図案参照）

織り糸2本あける

②①の回りに指定の織り糸をあけて織り糸3本のフォーサイドSを指定の個数刺す

織り糸1本あける

③②から外側の布を四角にカットする

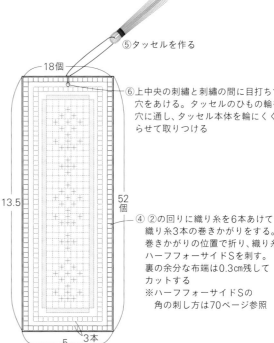

⑤タッセルを作る

18個

13.5

52個

5

3本

⑥上中央の刺繍と刺繍の間に目打ちで穴をあける。タッセルのひもの輪を穴に通し、タッセル本体を輪にくぐらせて取りつける

④②の回りに織り糸を6本あけて織り糸3本の巻きかがりをする。巻きかがりの位置で折り、織り糸3本のハーフフォーサイドSを刺す。裏の余分な布端は0.3cm残してカットする

※ハーフフォーサイドSの角の刺し方は70ページ参照

Edging work Collar
縁飾りのつけ衿／p.27

材料

布：目の詰まったリネン（白）40×30cm
糸：DMCアブローダー25番（Blanc）
　　DMC25番刺繍糸（Blanc）ランニング・ステッチ用
その他：直径1.2cmの飾りボタン 1個、スナップ 1組み

出来上り寸法

横幅約24cm（着用時）

作り方のポイント

スカラップの大きさがそろうときれいです。
注意：ヘデボで使用するボタンホール・ステッチは一般的
なボタンホール・ステッチとは方法が違います。刺し方は
50～53ページを参照してください。

実物大図案

・糸は1本どり、指定以外はアブローダー
・S＝ステッチ
・丸数字は刺繍する順番

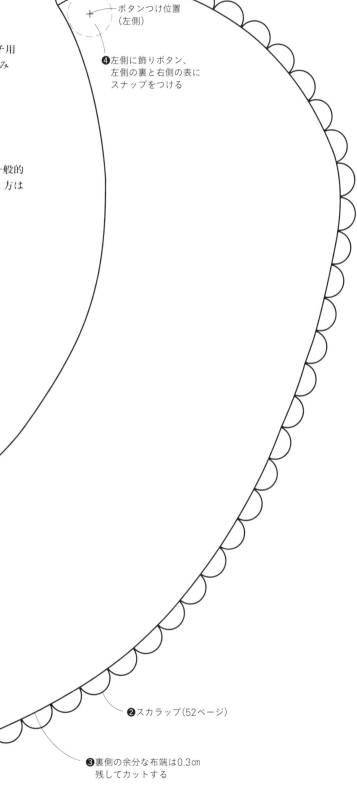

ボタンつけ位置
（左側）

❹左側に飾りボタン、
　左側の裏と右側の表に
　スナップをつける

❶布を出来上りから縫い代1cmつけてカットする。
　50ページの「枠の作り方」を参照し、周囲を刺す
　（ランニングS　25番刺繍糸、ボタンホールS）

わ

❷スカラップ（52ページ）

❸裏側の余分な布端は0.3cm
　残してカットする

Circle motif Doily-scallop

円モチーフのドイリー——スカラップ/p.24

材料

布：目の詰んだリネン（白）39×28cm
糸：DMCアブローダー25番（B5200）
　　DMC25番刺繍糸（B5200）ランニング・ステッチ用

出来上り寸法

28.5×18.5cm

作り方のポイント

刺繍枠を使うので、布のサイズは大きめに記載しています。
注意：ヘデボで使用するボタンホール・ステッチは一般的なボタンホール・ステッチとは方法が違います。刺し方は50〜53ページを参照してください。
※実物大図案は89ページ。

Circle motif Doily-oval

円モチーフのドイリー——楕円/p.25

材料

布：目の詰んだリネン（白）32×26cm
糸：DMCアブローダー25番（B5200）
　　DMC25番刺繍糸（B5200）ランニング・ステッチ用

出来上り寸法

22.3×16cm

作り方のポイント

刺繍枠を使うので、布のサイズは大きめに記載しています。
注意：ヘデボで使用するボタンホール・ステッチは一般的なボタンホール・ステッチとは方法が違います。刺し方は50〜53ページを参照してください。
※実物大図案は90ページ。

Tulip motif Doily

チューリップモチーフのドイリー/p.26

材料

布：目の詰んだリネン（白）26×26cm
糸：DMCアブローダー25番（Blanc）
　　DMC25番刺繍糸（Blanc）ランニング・ステッチ用

出来上り寸法

17.5×17.5cm

作り方のポイント

刺繍枠を使うので、布のサイズは大きめに記載しています。
注意：ヘデボで使用するボタンホール・ステッチは一般的なボタンホール・ステッチとは方法が違います。刺し方は50〜53ページを参照してください。
※実物大図案は91ページ。

実物大図案

・糸は1本どり、指定以外はアブローダー
・S＝ステッチ
・丸数字は刺繍する順番
・図案半分は180度回転して写す

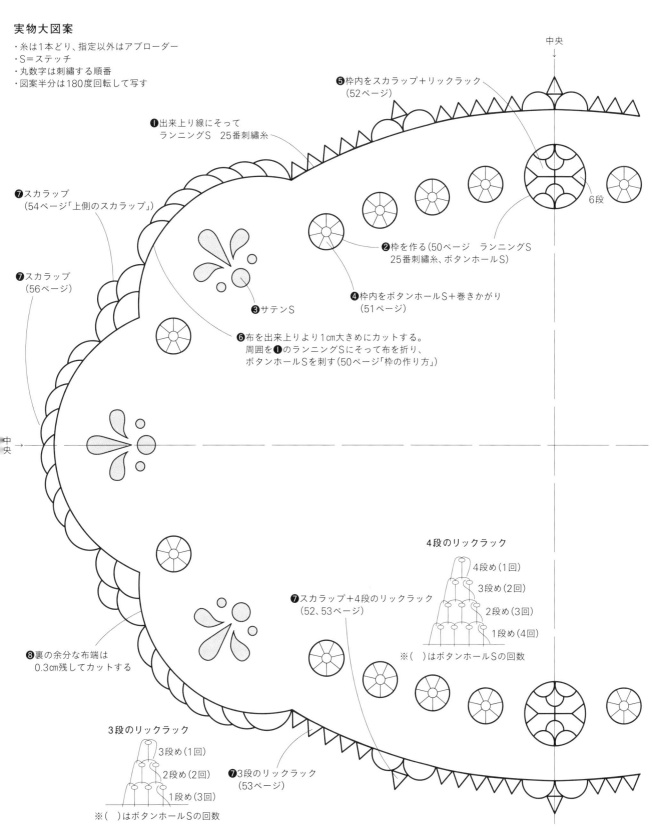

中央

❺枠内をスカラップ＋リックラック
（52ページ）

❶出来上り線にそって
　ランニングS　25番刺繍糸

❼スカラップ
（54ページ「上側のスカラップ」）

❼スカラップ
（56ページ）

6段

❷枠を作る（50ページ　ランニングS
　25番刺繍糸、ボタンホールS）

❹枠内をボタンホールS＋巻きかがり
（51ページ）

❸サテンS

中央

❻布を出来上りより1cm大きめにカットする。
　周囲を❶のランニングSにそって布を折り、
　ボタンホールSを刺す（50ページ「枠の作り方」）

4段のリックラック

4段め（1回）
3段め（2回）
2段め（3回）
1段め（4回）

❼スカラップ＋4段のリックラック
（52、53ページ）

※（　）はボタンホールSの回数

❽裏の余分な布端は
　0.3cm残してカットする

3段のリックラック

3段め（1回）
2段め（2回）
1段め（3回）

❼3段のリックラック
（53ページ）

※（　）はボタンホールSの回数

89

実物大図案

・糸は1本どり、指定以外はアブローダー
・S＝ステッチ
・丸数字は刺繍する順番
・図案半分は180度回転して写す

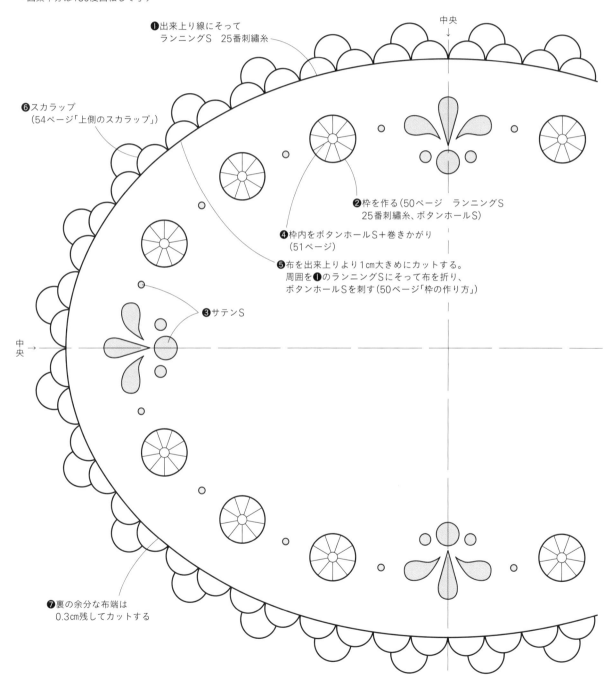

❶出来上り線にそって
　ランニングS　25番刺繍糸

中央

❻スカラップ
　（54ページ「上側のスカラップ」）

❷枠を作る（50ページ　ランニングS
　　25番刺繍糸、ボタンホールS）

❹枠内をボタンホールS＋巻きかがり
　（51ページ）

❺布を出来上りより1cm大きめにカットする。
　周囲を❶のランニングSにそって布を折り、
　ボタンホールSを刺す（50ページ「枠の作り方」）

❸サテンS

中央→

❼裏の余分な布端は
　0.3cm残してカットする

90

実物大図案

・糸は1本どり、指定以外はアブローダー
・S＝ステッチ
・丸数字は刺繍する順番

❶出来上り線にそって
　ランニングS　25番刺繍糸

中央

❺布を出来上りより1cm大きめにカットする。
　周囲を❶のランニングSにそって布を折り、
　ボタンホールSを刺す（50ページ「枠の作り方」）

❻バリオンノット
　（4回巻き）

❼裏の余分な布端は0.3cm
　残してカットする

❸サテンS

チューリップ
モチーフA

チューリップ
モチーフB

3段

4段

4段

❹枠内をチューリップモチーフで
　刺す（54、55ページ）

4段

4段

リックラックの段数

4段

2段

4段

2段のリックラック

2段め（1回）

1段め（2回）

※（　）はボタンホールSの回数。
　3段、4段のリックラックは89ページ参照

❷枠を作る（50ページ　ランニングS
　25番刺繍糸、ボタンホールS）

91

Various squares pattern Small bag
いろいろなスクエア模様の小さなバッグ/p.28

材料

布：カウントリネン38カウント（白）29×44cm、リネン（生成り）19×39cm 裏布用

糸：DMCアブローダー25番（Blanc）
　　DMC25番刺繍糸（Blanc）枠用

出来上り寸法

17×13cm

作り方のポイント

刺繍枠を使うので、布のサイズは大きめに記載しています。

仕立て方
・刺繍は表布のみに刺す

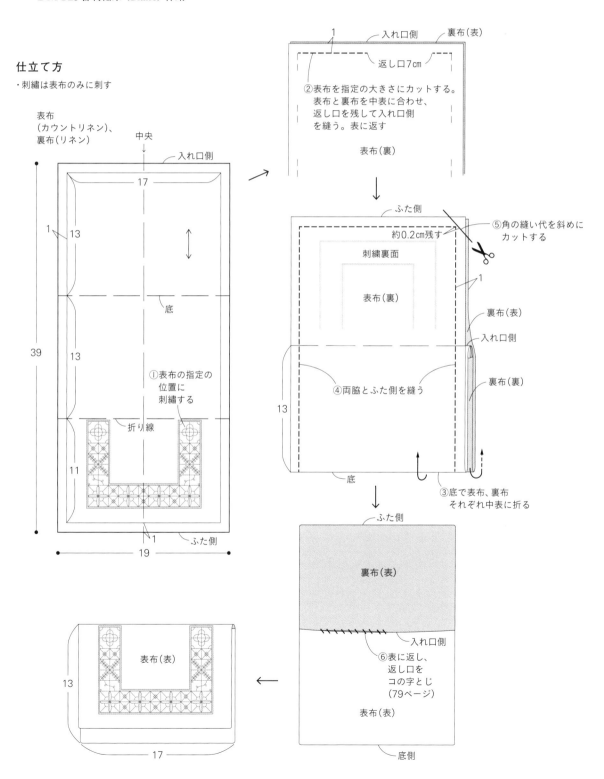

表布
（カウントリネン）、
裏布（リネン）

中央

入れ口側

17

1

13

39

13

①表布の指定の位置に刺繍する

折り線

11

1

ふた側

19

底

1

入れ口側

裏布（表）

返し口7cm

②表布を指定の大きさにカットする。
表布と裏布を中表に合わせ、
返し口を残して入れ口側
を縫う。表に返す

表布（裏）

ふた側

約0.2cm残す

⑤角の縫い代を斜めに
カットする

刺繍裏面

表布（裏）

1

裏布（表）

入れ口側

裏布（裏）

④両脇とふた側を縫う

13

底

③底で表布、裏布
それぞれ中表に折る

ふた側

裏布（表）

入れ口側

⑥表に返し、
返し口を
コの字とじ
（79ページ）

表布（表）

底側

表布（表）

13

17

図案

- 糸は1本どり、指定以外はアブローダー25番
- S＝ステッチ
- 織り糸は12本抜き、太線部分は6本残す
- 丸数字は刺繍する順番

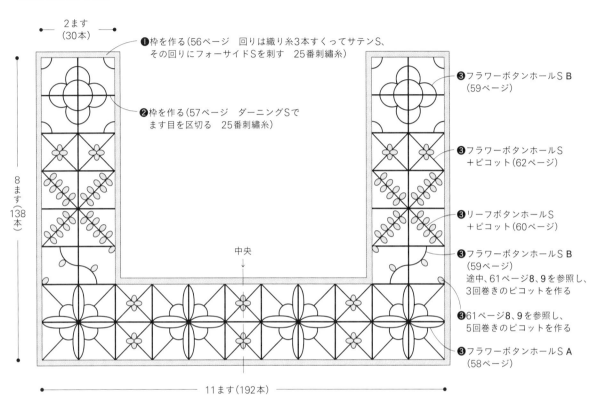

❶枠を作る（56ページ　回りは織り糸3本すくってサテンS、
　その回りにフォーサイドSを刺す　25番刺繍糸）

❷枠を作る（57ページ　ダーニングSで
ます目を区切る　25番刺繍糸）

2ます
（30本）

8ます
（138本）

中央

11ます（192本）

❸フラワーボタンホールS B
（59ページ）

❸フラワーボタンホールS
＋ピコット（62ページ）

❸リーフボタンホールS
＋ピコット（60ページ）

❸フラワーボタンホールS B
（59ページ）
途中、61ページ8、9を参照し、
3回巻きのピコットを作る

❸61ページ8、9を参照し、
5回巻きのピコットを作る

❸フラワーボタンホールS A
（58ページ）

Frame motif Small bag
フレームモチーフの小さなバッグ／p.30

材料

布：カウントリネン 38カウント（ベージュ）30×58cm
糸：DMCアブローダー25番（ECRU）
　　DMCコットンパール8番（ECRU）
　　DMC25番刺繍糸（ECRU）枠用
その他：サテンリボン 0.3cm幅（ベージュ）70cm×2本

出来上り寸法

24×27cm
※仕立て方、図案は94、95ページ。

仕立て方

・S＝ステッチ

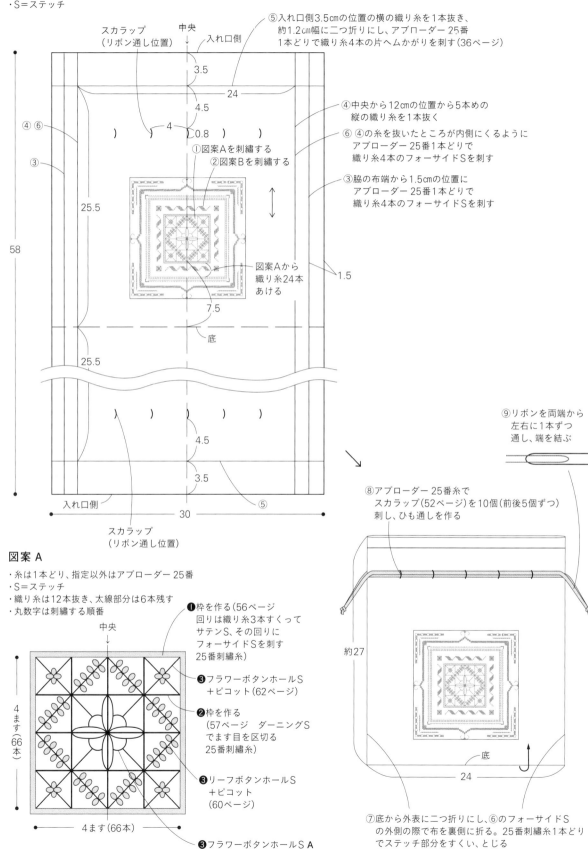

⑤入れ口側3.5cmの位置の横の織り糸を1本抜き、
約1.2cm幅に二つ折りにし、アブローダー25番
1本どりで織り糸4本の片ヘムかがりを刺す（36ページ）

スカラップ
（リボン通し位置）

中央↓

入れ口側

3.5

24

4.5

4

0.8

④⑥

③

25.5

①図案Aを刺繍する
②図案Bを刺繍する

④中央から12cmの位置から5本めの
縦の織り糸を1本抜く

⑥④の糸を抜いたところが内側にくるように
アブローダー25番1本どりで
織り糸4本のフォーサイドSを刺す

③脇の布端から1.5cmの位置に
アブローダー25番1本どりで
織り糸4本のフォーサイドSを刺す

1.5

58

図案Aから
織り糸24本
あける

7.5

底

25.5

⑨リボンを両端から
左右に1本ずつ
通し、端を結ぶ

4.5

3.5

入れ口側

30

⑤

⑧アブローダー25番糸で
スカラップ（52ページ）を10個（前後5個ずつ）
刺し、ひも通しを作る

スカラップ
（リボン通し位置）

図案 A

・糸は1本どり、指定以外はアブローダー25番
・S＝ステッチ
・織り糸は12本抜き、太線部分は6本残す
・丸数字は刺繍する順番

中央↓

4
ます
（66
本）

4ます（66本）

❶枠を作る（56ページ
回りは織り糸3本すくって
サテンS、その回りに
フォーサイドSを刺す
25番刺繍糸）

❸フラワーボタンホールS
＋ピコット（62ページ）

❷枠を作る
（57ページ　ダーニングS
でます目を区切る
25番刺繍糸）

❸リーフボタンホールS
＋ピコット
（60ページ）

❸フラワーボタンホールS A
（58ページ）

約27

底

24

⑦底から外表に二つ折りにし、⑥のフォーサイドS
の外側の際で布を裏側に折る。25番刺繍糸1本どり
でステッチ部分をすくい、とじる

図案 B

・糸は1本どり
・S=ステッチ
・丸数字は刺繍する名順番
・図案半分は180度回転して刺す

● ステム・ステッチ

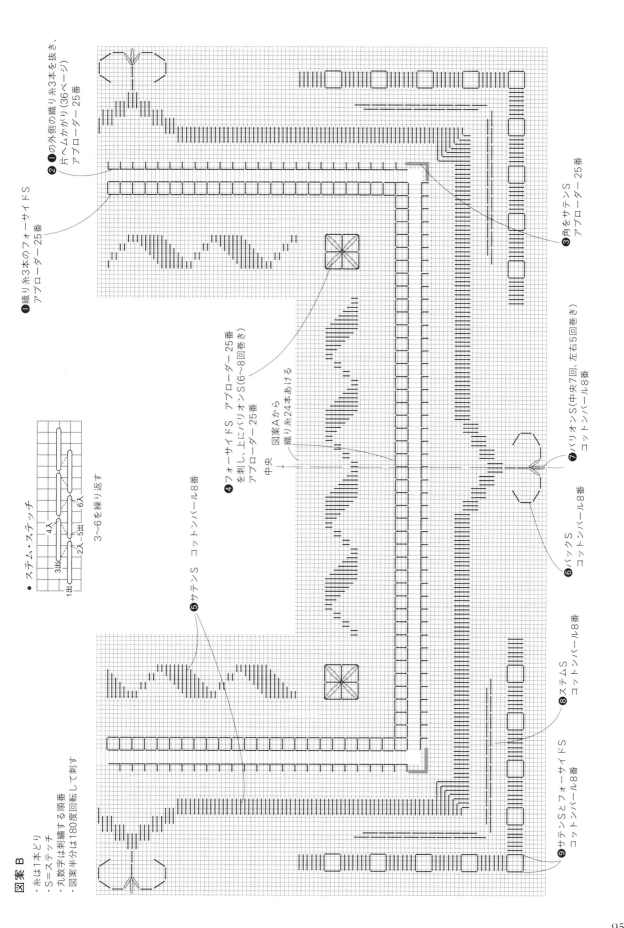

3～6を繰り返す

❶織り糸3本のフォーサイドS
アブローダー25番

❷❶の外側の織り糸3本を抜き、
片ヘムかがり(36ページ)
アブローダー25番

❸角をサテンS
アブローダー25番

❹フォーサイドS アブローダー25番
を刺し、上にバリオンS(6～8回巻き)
アブローダー25番

図案Aから
織り糸24本あける
中央

❺サテンS コットンパール8番

❻バックS
コットンパール8番

❼バリオンS(中央7回、左右5回巻き)
コットンパール8番

❽ステムS
コットンパール8番

❾サテンSとフォーサイドS
コットンパール8番

95

パントン久美子　Kumiko Pinton

Profile

白糸刺繍家。デンマーク在住。
2009年にデンマークのスカルス手工芸学校に留学。
2012〜2017年までパリ在住。
ヨーロッパでホワイトワークを学び、製作を始める。
現在は、毎年、個展で作品を発表するほか、
動画講座やワークショップなど、
ホワイトワークの普及と指導に努めている。
Instagram : @kumip_broderie

パントン久美子　刺しゅう動画講座
https://kumipbroderie.com

Staff

ブックデザイン	葉田いづみ
撮影	ローラン麻奈
プロセス撮影	安田如水（文化出版局）
作り方解説、トレース	田中利佳
DTPオペレーション	文化フォトタイプ
校閲	向井雅子
編集	小山内真紀
	大沢洋子（文化出版局）

◎糸提供

ディー・エム・シー
東京都千代田区神田紺屋町13 山東ビル7F
tel.03-5296-7831
https://www.dmc.com

◎道具提供（針、目打ち）

クロバー
大阪市東成区中道3-15-5
tel.06-6978-2277（お客様係）
https://clover.co.jp/

◎Special Thanks

日本紐釦貿易
https://www.nippon-chuko.co.jp/

Manifattura Tessile Sotema
https://www.sotema.it/

◎おすすめの手芸店

手芸の店かめしま
大阪市中央区久太郎町4-1-15
南御堂ビルディング4F
tel.06-6245-2000　fax.06-6241-0006
https://kameshima.co.jp/

手芸の越前屋
東京都中央区京橋1-1-6
tel.03-3281-4911　fax.03-3271-4476
https://www.echizen-ya.net

WHITEWORK
ヨーロッパの白糸刺繍技法より

2024年7月20日　第1刷発行

著　者 ──────── パントン久美子
発行者 ──────── 清木孝悦
発行所 ──────── 学校法人文化学園 文化出版局
　　　　　　　　〒151-8524 東京都渋谷区代々木3-22-1
　　　　　　　　TEL. 03-3299-2489（編集）
　　　　　　　　TEL. 03-3299-2540（営業）
印刷・製本所 ──── 株式会社文化カラー印刷

文化出版局のホームページ　https://books.bunka.ac.jp/